Contents

1

JN132563

2

【お断り】第2章の採択校の授業、第3章の市民の学習会、第4章の大学の教室、第5章の『学び舎の問い—歴史教育はどうあるべきか』で使われた教科書は、2015年検定合格の学び舎版教科書です。文章中で示されているページは、この教科書のページです。本書付属の2020年検定合格のものとは異なりますので、ご了承ください。

第1章

問いを生み出す歴史教科書

特色ある図版と記述から、疑問や問いが生まれます

■ **大きく鮮明な図版**
一人ひとりの発見や疑問から授業が始まります。

■ **読みやすいリアルな文章**
歴史の現場に引き込まれ、「なぜだろう」という問いが生まれます。

予想される生徒の疑問や問い

生徒の関心を引き出す印象的なタイトル

「絵の人たちはどういう人たちだろう」
「何と言っているだろう」
「なぜ黒船を見にきたの？」
「望遠鏡は自分で持ってきたのか」
「何が見えたのだろう」
「黒船見物に行った女性は多かったのかなあ」

① 黒船を見物する人びと《「黒船来航風俗絵巻」埼玉県立歴史と民俗の博物館蔵》

（7）黒船を見に行こう ―ペリーの来航―

人びとはなぜ黒船見物に行くのだろう。黒船が来て幕府・大名はどう反応したか。

■ 大騒ぎの江戸

1853年6月、アメリカの使節ペリーが率いる軍艦4隻が、江戸湾の入り口、浦賀（神奈川県）にあらわれました。蒸気船2隻をふくむこの艦隊を、人びとは黒船とよびました。

これを知った江戸の人たちのなかには、一目、黒船を見ようと、浦賀まで出かける人が大勢いました。戦争がはじまるのではないかと、家族で逃げ出す江戸の町人もいました。さまざまな情報が手紙でやりとりされ、瓦版も多数発行されました。

黒船の来航は全国に伝わりました。よく年、陸奥国（福島県）の百姓・菅野八郎は、神奈川（神奈川県横浜市）に出かけて、実際に見た黒船の威力や人びとの不安を書き記しました。

② 黒船を描いた瓦版《横浜開港資料館蔵》

「福島の百姓が黒船を見に来た」
「菅野八郎はどういう人だろう」

③ 日本人が描いたペリーの顔
《横浜開港資料館蔵・神奈川県立歴史博物館蔵》

「同じペリーなのに、なぜいろいろな顔があるのだろう」

■ ペリー、江戸湾に侵入

アメリカは、1848年には、領土を太平洋側のカリフォルニアまで広げていました。日本を寄港地として、太平洋を横断する航路を開いて、中国に進出したいと望んでいました。また、灯油にする鯨油をとるために、多くの捕鯨船が日本近海で活動していました。

ペリーは琉球（沖縄県）に寄港したのち、日本に来航しました。江戸湾の中まで軍艦を進め、強引に上陸して、貿易を求める大統領の国書を幕府にわたそうとしました。幕府は、衝突を避けるため、湾内での測量

「ペリーの目的は何だったのか」

ペリー艦隊の琉球（沖縄県）への来航
1853年4月、軍艦3隻で那覇に入港した。兵士を上陸させ、首里城を訪問した。以後、5回にわたって寄港し、貿易を認める条約を琉球王国と結び、石炭の貯蔵施設をつくった。

「ペリーは沖縄に5回も寄港して条約を結んでいた。沖縄の人たちはどう考えていたのか」

4

150

本編113テーマ

■ 多彩な地図・グラフ・側注
さまざまな面から考えを深め、授業展開を豊かにします。

■ 太字をなくす
主体的な学習を妨げる太字をなくしました。

「兵士の列が揃っている」
「通訳はどういう人がしたのか」
「なぜ犬がいるの？」
「幕府の役人や、見物している人はどんな気持ちだっただろう」

「ペリーは半年以上かけて来た」
「なぜ太平洋でなく大西洋から来たのだろう」

④横浜に上陸するペリー（横浜開港資料館蔵）

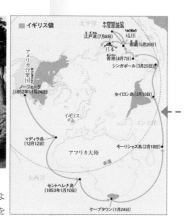

⑤ペリーの来航経路（年月日は太陽暦）

などをとがめませんでした。結局、幕府は国書を受け取り、よく年に回答すると約束しました。国書にどう答えるか、態度を決めかねた幕府は、朝廷に報告し、大名たちに意見を求めました。

ペリーは、1854年1月、今度は軍艦7隻で来航し、幕府と交渉をはじめました。モリソン号事件の例をあげ、漂流民の保護と貿易を求めました。交渉の結果、ペリーは貿易についてはあきらめ、日米和親条約を結びました。この条約で、下田（静岡県）・函館（北海道）の2港を開き、燃料・食料・水の補給と漂流民の保護を認めました。下田にはアメリカの領事館がおかれました。

■ 通商条約を結ぶ

1856年、下田に着任したアメリカの総領事ハリスは、幕府の役人と面談しました。ハリスは、イギリスの脅威が日本に近づいていること、貿易は両国の利益になることなどを述べ、強く説得しました。幕府は、中国（清）で軍事行動をとるイギリス・フランスの動きや、軍事力の差を考え、欧米諸国との武力対決を避けたいと考えていました。

1858年、大老・井伊直弼が反対意見をおさえ、幕府は日米修好通商条約を結びました。この条約で、貿易港として5港を開き、居留地に限って自由な貿易を認めました。幕府は、ほぼ同じ内容の条約をイギリス・オランダ・ロシア・フランスとも結びました。

これらの条約によって、日本国内での外国人の犯罪は、外国の領事が、その国の法律によって裁判することになりました（領事裁判権）。また、日本側が輸入品の関税を決める権利（関税自主権）はなく、協定で決めることとしました。日本にとって不平等な内容をふくむこの条約の改正が、以後の外交の大きな課題になっていきます。

井伊直弼が、朝廷の許可なく条約を調印したことや、将軍の後継ぎを独断で決めたことは、反対派から激しく批判されました。これに対して幕府は、80数名を処罰しました。さらに反発した水戸藩（茨城県）などの浪士は、1860年、江戸城の桜田門外で井伊直弼を殺害しました。

⑥アメリカ東インド艦隊司令官ペリー（1794・1858）

「幕府が大名たちに意見を聞いたのはなぜだろう」
「自分だったら、開港に賛成か反対か、どう考えただろうか」

開戦すべきだ 8.8%
意見なし 20.6%
貿易すべきだ 11.8%
開港を拒否すべきだ 11.8%
開港はやむをえない 47.0%
回答をよせた藩 34

⑦日米修好通商条約をめぐる大名の意見
《「日本経済思想史研究」による》

開港する5港
神奈川（横浜）・函館・長崎・新潟・兵庫（神戸）

居留地
外国人が居住し、営業することを許した特別の地域。横浜や神戸などには、中国人も多く移り住んだ。

「幕府が通商条約を結んだことは良かったのか」
「貿易が始まったら日本は貧しくなるのだろうか」
「井伊直弼は殺された。これから日本はどうなっていくのか」

学びの起点となる
歴史教科書へ

「学ぶ会」代表 **安井 俊夫**

●教科書は「教師用」か

歴史教科書は、そのページで取り上げるテーマ（例えば沖縄戦）について、その内実を示す主な事実を重点的に説明する。教科書が分厚くなるのを避けるため、事実の理解に必要なことを簡潔に描くことになる。

だがこの「主な事実」とか、「必要なこと」は、教える側（教師）の、そのテーマに関する理解の仕方・考え方、つまり教師側の論理によって決められるのであって、それを学ぼうとする子ども側の「学びかた」を踏まえてはいない。

つまり教科書は、教師が何をどう教えるかを描いた「教師用図書」になっている。

本書『ともに学ぶ人間の歴史』は、これを教科書本来の姿である「子ども用図書」に大きく転換させようとしたものである。

●学びの起点＝問い・疑問

教科書が「子ども用図書」であれば、子ども側からの学びの起点になることが求められる。起点となるためには、子ども側から問いや疑問が生まれるかどうかが問われる。

沖縄戦は、アジア太平洋戦争の学習で重視すべきテーマである。だが重視すべきと認識しているのは教師側であって、子ども側は必ずしもそうではない。沖縄戦について「知らない」場合すら多い。だから、子ども側からそれを学ぼうとする問い・疑問が出やすい素材（教材）を導入として設定すべきである。本書では沖縄戦の導入として対馬丸事件を描いている。

1944年8月、米軍の攻撃が迫る沖縄から疎開するため、780人の国民学校の児童を乗せた対馬丸が長崎に向かったが、米軍潜水艦の魚雷攻撃で撃沈され、子どもたちは夜の暗い海に投げ出された。だが教科書は、記述の最後に「日本の護衛艦もいましたが、そのまま北進していきました」とつけ加えている。

●護衛艦はなぜ救助しないのか

沖縄戦授業の冒頭に、この事件を提起されて、子ども側から必ず出てくる疑問は、「護衛艦がそのまま北進」したことに対してである。

「なんで子どもたちを救助しないのか」「護衛するためにいたのだから、北進なんておかしい」など、質問というより詰問に近い。教科書側注には、海に投げ出された4年生の子どもの証言もあるため、問う側にも切実さが感じられる。

教科書pp.238-239 「荒れ狂う鉄の暴風」

護衛艦が救助活動をしなかったことについて、大城立裕氏は、護衛艦側には次のような判断があったのではないかとしている。

● 闇の中での救助には探照灯が必要だが、これは（敵潜水艦の第二次攻撃を容易にして）危険だ。

● 対馬丸は他の2隻と船団を組んでいた。救助活動しているうちに他の2隻が攻撃される恐れがある。（大城立裕『対馬丸』講談社文庫）

子どもたちを助けるか、船団の護衛という任務を遂行するか。護衛艦は前者を棄てて、後者に全力を注いだ。これを知った教室の子どもたちは、沖縄では軍隊は子ども（住民）を守らないのか、という疑念を抱くことになる。

米軍が沖縄を実際に攻撃してきたら、その時は軍隊は住民を守るはずだ。でも実際はどうなのだろう。このように見てくると、この疑念は沖縄戦を学ぶ有力な起点となるだろう。

● 潜水艦はなぜ疎開船を攻撃したのか

もう一つ子どもの疑問は、なぜ米潜水艦は子どもが大勢乗っている疎開船を攻撃したのかという点である。「子どもが乗っていることを知っ

②沖縄戦の戦場
← 米軍の進行路
伊江島／慶良間海岸／読谷海岸／沖縄島（沖縄本島）／那覇／首里／座間味島／渡嘉敷島／喜屋武岬／摩文仁
①ガマ（洞窟）を攻撃する米軍

④降伏した鉄血勤皇隊員（中学生）（那覇市歴史博物館提供）

⑤保護された姉妹と老人（那覇市歴史博物館提供）

⑥捕虜となった日本兵（沖縄県平和祈念資料館提供）

（13）荒れ狂う鉄の暴風 ―沖縄戦―

鉄の暴風の中で、住民にどんなことが降りかかってきたか。そのとき日本兵はどんなことをしたか。

■ 暗闇の海に沈む子どもたち

1944年8月、沖縄の国民学校の子どもたち780人が、軍用船の対馬丸に乗って長崎に向かいました。アメリカ軍（米軍）の沖縄への攻撃が迫ってきたため、学童疎開が始まったのです。

しかし、米軍潜水艦の魚雷攻撃で対馬丸は沈められ、子どもたちは暗い夜の海に投げ出されました。救助されたのは、わずかな子どもたちだけでした。日本の護衛艦もいましたが、そのまま北進していきました。

■ 戦火に追われる住民たち

米軍は、1945年3月、多くの子どもや住民が残る沖縄に総攻撃を開始しました。沖縄本島付近には、千数百隻の艦船が押しよせ、航空母艦から飛び立つ飛行機1300機、総兵力は50万人を超えました。これに対する日本軍は、約12万人でした。

日本軍は、住民を防衛隊に組織し、中学生などを鉄血勤皇隊にして日本軍とともに行動させました。女学生は学校ごとに看護要員にして（「ひめゆり学徒隊」など）。また、住民に住宅や食料を提供させ、飛行場の建設にも動員しました。

米軍は、艦船が海上から砲弾を撃ち込み、空から戦闘機や爆撃機で襲いかかりました。人も畑も森も吹き飛ばし、地形が変わるほどでした。さらに陸上では、火炎放射器で炎を吹き出す戦車などが攻撃してきます。

これらはのちに、鉄の暴風とよばれました。

日本軍は多大な損害を出しながら、南部へ敗退しました。住民は戦火の中で逃げ場を失い、次々と死傷者を出しながら、追いつめられていきました。

■ 捕虜も降伏も認めない

住民は、壕やガマ（洞窟）にひそんで戦火を避けていました。日本兵がいたガマでは、食料を出させられ、赤ん坊は外に連れ出すように命じられました。米軍は、降伏してガマから出るように呼びかけましたが、日本兵がガマの出口で銃をかまえていました。

住民は日ごろから、捕虜になるなら帝国臣民として死を選べ、米軍は鬼畜だから捕まったら残虐な目にあうと教えられていたので、米軍から出ていくことをためらいました。ガマから出て保護される人もいましたが、米軍に攻撃されて死亡する人や自決する人もいました。

日本軍は、最後には玉砕を決意して、住民にも手榴弾を配りました。住民がこの手榴弾を爆発させ、家族や近所の人たちといっしょに自決した例が数多くあります。

座間味島では、自決したとされる135人（年齢などがわかる人たち）のうち、12歳以下の子どもが55人、女性が57人を占めていました。これらは「集団自決」とよばれています。また、住民が日本軍に殺害される事件も起こりました。その多くは、日本軍の情報を米軍にもらしたのではないか、という疑いによるものでした。

こうして、沖縄戦での沖縄県民の死者は15万人（人口約60万人）にのぼったと推定されています。鉄血勤皇隊員となった県立一中生254人のうち171人が、「ひめゆり学徒隊」の女学生222人のうち123人が、戦闘のなかで死亡しました。

―沖縄戦―日本軍の作戦目的―

日本軍は沖縄の戦闘で、「敵の出血消耗」をはかって米軍を少しでも長く足止めし、日本本土の防衛（本土決戦）の時間稼ぎをしようと考えていた。沖縄を「捨て石」にする作戦だった。

沖縄の日本軍司令部は「兵員は最後まで戦うべし」と命じて、6月下旬に自決した。そのため、残された日本兵はこのあとも絶望的な戦闘を続け、犠牲者は増え続けた。沖縄の日本軍が正式に降伏したのは9月7日であった。

対馬丸の生存者平良啓子（国民学校4年生）の体験から
「おかあちゃーん、助けて」「先生どこにいるの」いろんな声がとびかっていた。仲仲は私に、海に飛び込めといったのだろうか。暗い海では小さなイカダを奪いあっていた。私は、これに何とかもぐり込んだが、仲仲の行方はわからなくなった。

軍の艦砲射撃による砲弾の跡（那覇市歴史博物館提供）

鉄血勤皇隊買山城博則（中学3年生）の体験から
かくれていた壕に、米兵がガスを撃ちこんできた。ようやく這い出ったぼくら4人は、米兵の前で「アイアム・スクールボーイ」とか、ありったけの英語を使ってみた。米兵は、英語を使うぼくらを、めずらしそうに

集団自決の現場にいた金城重明（渡嘉敷村16歳）の体験から
米軍が迫ってくると、人びとは一カ所に集められた。手榴弾を爆発させ、それでも死にきれない肉親に対して、カミソリやカマを使い、ひもで首をしめるなどした。
（この現場で金城重明は両親と弟・妹4人の命を失った）

沖縄県民の犠牲者
一般県民の死者9万4000人、沖縄県出身軍人・軍属の死者2万8000人（以上は沖縄県統計）。これに疎開中の死者、飢えやマラリアによる死者などをふくめて、推計される。

⑦ひめゆりの塔（沖縄県糸満市）／慰霊碑には、死亡した女学生と教師の氏名が刻まれている。最初の塔（右側）は、1946年に建てられた。

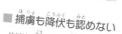

て攻撃したのか」「潜水艦からは、船の乗客が子どもだとわかっていたのか」など、潜水艦側への疑問が出てくる。米潜水艦は、疎開船（普通の客船）と認識して、突っ込んでいえば一般住民への攻撃と意識していたのか。

この点について大城前掲書は、潜水艦側は「疎開学童を乗せた徴用船とは知らず」としている。だが「じつは対馬丸には、軍人、軍需物資が搭載されていて」と記している。つまり対馬丸の子どもたちは、軍隊・軍需物資と同居する形で乗船していたのだった。

そうすると教室では、米軍が上陸してきたとき、子ども（住民）たちの姿が見えても、そこに日本軍がいれば、攻撃してくるのかと疑問を持つ。つまり沖縄戦が始まれば、子どもや住民も攻撃されるのかという問いが、子ども側に生じてくる。

これは「沖縄戦では子どもや住民はどうなるのか」という問題意識となり、有力な学びの起点となるだろう。

●鉄の暴風－惨状を想像する

沖縄戦での米軍の攻撃は「鉄の暴風」と称される熾烈なものだった。海上からは1000隻を超える艦船からの艦砲射撃が町や村に炸裂する。空からも爆弾が降り注ぎ、地上戦では戦車まで疾走し、火炎放射器でガマや壕に隠れる兵士・住民を襲う。陸・海・空からの無差別攻撃が展開する。

だが教室で子どもたちが注目するのは、鉄の暴風の熾烈さばかりではない。その渦中に巻き込まれた子どもや住民の姿である。導入段階で暗い海に投げ出された子どもの証言と重なり合い、「暴風」下の人びとの惨劇をあれこれ想像してしまう。「戦争になると子ども（住民）たちはどうなるのか」と感じていただけに、米軍の攻撃を「ひどい」と感じるだけでなく、どうしても人びとの姿を思い浮かべてしまう。

この惨劇・苦難を想像するという子ども側の営みは、「ガマが近くにあるだろうか」「子どもは恐怖で動けないだろう」など、一人ひとりが異なった情景を思い浮かべる。イメージは個性的で多様であり、それだけに沖縄戦の事実を主体的に認識することになる。

●沖縄の日本軍とは

さらに教室では、対馬丸撃沈の際の護衛艦の問題に関連して、「護衛艦は（軍隊は）子ども（住民）を守らないのか」と疑問が出されていた。本書では、住民との関連での日本軍の行動を、次のように記している

●ガマでは住民は食料を出させられた。
●ガマにいた赤ん坊が外に出させられた。
●捕虜にはなるな。米軍は鬼畜だから捕まったら残虐な目にあう。帝国臣民として死を選べと教えられた。最後には玉砕を決意して、住民に手榴弾を配った。
●情報を米軍に漏らしたと疑われた住民が、日本軍に殺害された。

以上の事例を見れば、軍隊は子ども（住民）を守らないのかとの問いに真正面から答えるものであるため、教室はざわつく。

教科書 p.5 から
④遺骨の収集を見学する子どもたち／
「遺骨の人の名まえはわからないのですか」など
質問があいついだ。〈具志堅隆松／合同出版〉

さらに本書は「集団自決」も事例を挙げているが、これこそは住民を守るどころか、「日本軍による強制・関与」によって自決さえ強要されたとされるものだ。

●日本軍の強制・関与

だが本書では「強制・関与」という言葉では記述せず、座間味島の集団自決犠牲者135人中12歳以下の子ども55人、女性57人という実態、さらに側注には肉親が家族に手をかける情景を描いている。

米軍の攻撃のさなか、子どもが「自決」するだろうか。これは親が何としても守り抜きたい子どもの生命を、自らが手をかけて断つという想像を絶する事態なのだ。住民はそういう地点にまで追い込まれていたというほかない。

本書の記述は、そこへ追い込んだものは何かという問いかけである。「強制・関与」という言葉で実態を説明するのではなく、子ども側が自らの追求で、その地点に行きつけるように想定したものだ。

●なぜ沖縄戦をやったのか

ここまで来ると、子ども側からはさらに問いや疑問がでてくる。「日本は何のために沖縄戦をやったのか」「沖縄戦なんかやる意味があったのか」等々。

米軍が沖縄に攻めてくる。島々と住民を守るために戦うというのであれば、戦争目的は明快だ。が、そうではないことがこれほど明らかになれば、日本軍の目的はいったい何だったのか、という問いは必至である。

本書はページの最後に囲み記事を置き、「米軍を少しでも長く足止めし、日本本土の防衛の時間稼ぎをしよう」とする作戦だったと述べている。

これは教科書記述をもとに教師側の説明になる。だが、子ども側は沖縄戦の目的を問い、何かを追求しようとしているため、説明を自らの関心で、主体的に受け止め、次いで「時間稼ぎ」に対するさらなる問い・疑問を抱くのではないか。

描かれている事態に対して、何か感じる、問いや疑問をもつ。それは子ども側からの学びの起点となることは間違いない。歴史教科書はそのことを実現するものでなくてはならない。■

問いを生み出す
中学歴史教科書
― 改訂版に寄せて

「学ぶ会」副代表　山田　麗子

● より学びやすい教科書をめざして

　2015年、学び舎中学歴史教科書は検定に合格し、翌年から、採択校での使用が始まった。それから4年間、私たちは教科書の内容を深め、より多くの子どもたちにとって学びやすいものにするための取り組みを重ねてきた。

　その一つが、地図やグラフをカラーバリアフリーにすることだった。色覚特性をもつ人の色の見分けにくさを体験できるメガネをかけて、すべての地図やグラフを点検して色やマーク、線のスタイルなどを変えた。編集担当はみな教員経験者なので、「この発問をしたら、さまざまな色覚特性をもつ生徒が読み取れるだろうか」などと話し合いながら実証し、変えていった。

　そのころ、ランドセルや通学カバンが重く、子どもの負担になっていることが報道され、社会問題となっていた。これに対しては、用紙の重量の研究を始めた。また、内容の精選を図り、本編はテーマを統合して113テーマとし、年表などもページを縮小した。しかし、内容はむしろ濃く、わかりやすくなったと自負している。このような内容と用紙の見直しの結果、教科書の重さを20％以上軽くすることができた。

● 人びとの姿や
　社会の課題が見える図版

　「学び舎の教科書には今まで見たことがない写真が載っている」という言葉をいただいてきた。執筆者が授業のために探した写真から、手ごたえのあったものを厳選したためである。特に2ページの冒頭に置いたメインの図版は、発見や疑問がたくさん出るようなものにしてきた。改定版でも、さらに子どもの関心を喚起する図版になるように、授業を想定して見直しをした。

　一例として、第3章（3）「荘園の人びと」のメイン図版『粉河寺縁起絵巻』をあげる。この絵巻は、よく教科書に掲載されるものだが、改訂版では、「年貢（公事）を納める人たち」の場面を大きくして、長唐櫃の中のものや差し出しているものが何かを予想できるようにした。絵の人びとの表情もわかるようにし、生徒に貧富さまざまな人たちがそれぞれ何を言っているか、思っているかを想像させる活動ができるようにした。

　さらに左下の年貢を納める場面を見ている男性に注目させたい。この男性は、年貢を納める場面をどのような思いで見ているだろうか。一般的には、この部分は省かれることが多いが、

これを入れることで、荘官の執事の前の姿だけでなく、さまざまな人びとの心情を想像することができる。保元・平治の乱の後、領主のより強い従属の下に置かれるようになった地域社会の様相がうかがえる。

このように図版を観察することで、当時の人びとの姿や社会の課題が浮かびあがり、その時代への関心が高まることを期待した。

●主体的な学習を育む記述

子どもが主体的に学ぶ学習は、長く歴史教育の課題だった。中学の地理や公民と比べても、歴史の授業は教師の説明が中心になりやすく、語句の暗記に陥りやすい。学び舎教科書の執筆者たちもこうした悩みを抱えながら、子どもた

ちが目を輝かせる授業づくりを追求してきた。

子どもたちが身をのりだして何か言いたくなる、わが身にひきつけて考えてしまう、歴史と今のつながりが見えてくる、そのような授業づくり研究の長年の蓄積と、何度にもわたる討論の中から、学び舎教科書は生まれた。

改訂版でも、疑問や問いを引きだし、時代のイメージを描けるように記述の再検討を行った。一例として第1章（3）「ピラミッドの謎」をあげる。巨大なピラミッドをどのように造ったのか、王と王に従う人びとの生活はどのようなものだったのか、ピラミッドは子どもたちの興味が尽きない題材だ。改訂版では、歴史研究に学び、古代の人びとをより身近に感じる内容を入れた。

具体的には、ピラミッド建設に携わった人びとが住んだ都市のようすや専門分野に分かれた

1 年貢を納める人たち〈『粉河寺縁起絵巻』粉河寺蔵〉

（3）荘園の人びと ―院の荘園と平氏―

農民たちが荘官の館に年貢を運んでいる。荘園はどのように広がっていったのか。

■年貢を運ぶ人たち

12世紀につくられた『粉河寺縁起絵巻』には，荘官の館に，年貢を運ぶ人たちがえがかれています。荘園領主の貴族や寺社は，田畑を開墾

エジプトを支配するようになりました。5200年ほど前（紀元前3200年ごろ），エジプト王国が成立しました。ゆたかな実りによって，自分で食料を生産しなくても生活できる人たちが，登場したのです。

― ピラミッド内部に未知の巨大な空間 ―

クフ王の大ピラミッドの内部には，王の間やそこにつながる大回廊，女王の間などの空間がある。名古屋大学などが参加する国際研究チームが，それ以外にも空間があるのではないかと期待して，それを画像で映し出せないかと研究をすすめた。

研究チームは，宇宙線のミュー粒子で透視する装置を使った。宇宙からふり注ぐミュー粒子は，厚さ100m以上の岩盤も透視することができる。

2017年，未知の巨大空間を映し出すことに成功した。長さは30m以上あるとみられる。このように，物理学や工学の専門家たちも，ピラミッドのなぞを解くために活躍している。

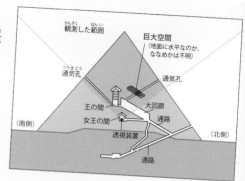

観測した範囲 / 巨大空間（地面に水平なのか，ななめかは不明） / 通気孔 / 通気孔 / （南側） / 王の間 / 女王の間 / 大回廊 / 通路 / 透視装置 / （北側） / 通路

労働、支給された食事などについて記述した。また、側注には、古代エジプトの人びとの手紙や役人になるための教科書を載せて、当時の人びとの価値観に触れることができるようにした。

さらに囲みには、2017年、名古屋大学などの国際研究チームが、最先端の透視装置を使って、ピラミッド内部に未知の巨大な空間を発見したことを紹介した。物理学や工学などの専門家もピラミッドの謎に迫っている。さまざまな分野に関心をもつ中学生の学ぶ意欲を高めることができるように紙面を工夫した。

● 学び、考え、行動する子どもたち

具志堅隆松さんは、沖縄戦で亡くなった人たちの遺骨を収集する活動を続けてきた。改訂版の冒頭のページ「6月23日、沖縄で」には、具志堅さんの活動に参加した高校生が登場する。土を払って骨を集めた高校生は、「戦争は終わっていない」と感想を述べている。

具志堅さんは「小学生が発掘現場に来てくれたことが嬉しかった」と語っている。その写真も改訂版に載せた。一般的には、小学生が人の骨に接するのは難しいと考えられがちだ。しか

し、小学生は「遺骨の人の名まえはわからないのですか」と質問した。小学生は、遺骨の人の在りし日の人生に思いを寄せたのである。このように歴史と出会い、過去のできごとを想像する力こそが、歴史学習の源となるだろう。

教科書には多くの子どもが登場する。働く子ども、育ちにくかった子ども、戦火の中の子ども。中学生は、歴史の中の子どもの姿に接して、親近感をもって学ぶことができる。また、各時代の学校教育のようすや教科書の内容からは、国家や社会がどのような方向に向かっていたかに気づくことができるだろう。

戦後では、食糧メーデーや子供議会などで発言、行動する子どもたちを描いたが、改訂版では、核廃絶を目指して署名活動を続ける高校生、不当なアルバイトに泣き寝入りせずに労働組合を結成した高校生たちについて新たに記載した。

第10章の扉では、社会の課題に取り組む世界の子どもたちを取り上げた。銃の規制を全米に訴える行動の先頭に立ったエマ＝ゴンザレスさんや、高校生で市議会議員になったデンマークのラッセ＝H＝ピーダセンさんなどである。日本でも18歳選挙権が実現した。子どもを主権者として、学ぶ力を尊重した教育が求められている。

● 人びとの姿から戦争と平和を学ぶ

　1920年代から、1945年までの第9章「第二次世界大戦の時代」には多くのページをあてている。戦争の学習は生徒に衝撃を与え問題意識を呼び起こす。一方で、戦争は生徒の日常から遠く、目を背けたい生徒も少なくない。しかし、体験者の証言や人びとの姿には、生徒を引きつける力がある。教科書には、戦争証言や人びとの姿を多く入れてきた。改訂版では、第9章(11)「餓死、玉砕、特攻隊」で、特攻出撃した少年飛行兵・荒木幸雄を新たに取り上げた。

　戦局の悪化の中、幸雄たち少年飛行兵は基礎教育を省かれ、一日も早く戦地に行くための訓練を受けた。航空技術者になる夢をもっていた幸雄は、17歳で、沖縄に出撃し特攻死した。出撃前に子犬を抱く幸雄のあどけない表情から、生徒たちは何を感じるだろうか。人びとの姿を通した戦争学習は、なぜこのようなことが起きたのかという思いを生徒に呼び起こさせ、さまざまな疑問や問いを生み出すことだろう。

　教科書では、世界情勢と戦争の経過を縦糸に、人びとの姿や証言を横糸にして、戦争の時代を描いた。生徒が、戦争を生み出す社会や経済、

くり返し、玉砕しました。約1万人の日本人住民やサイパン島民も、これに巻き込まれて死亡しました。

5　弾薬も食料もなくなり、戦う力を失ったときは、降伏する（捕虜になる）道があります。しかし、日本軍は捕虜となることを禁じていたため、残されたのは玉砕だけで、司令官は「総員玉砕せよ」と命令しました。

■ 爆弾を抱えて体当たり ── 特攻隊

　1944年から、日本軍は、戦闘機が爆弾を抱え、パイロットもろとも米軍の航空母艦などに体当たりする戦法をとりました（特別攻撃隊）。
10　この特攻隊員は志願という形をとりましたが、上官などから志願を強く求められた隊員も多くいました。特攻隊は、約3000機がアメリカ艦隊めがけて出撃しましたが、米軍のレーダーにとらえられ、多くは撃墜されました。特攻隊の戦死者は、4000人にのぼりました。
　しかし、新聞などでは、特攻隊は国のために若い命をささげるものとして、体当たりで生命を犠牲にすること自体がたたえられました。

⑤撃墜されて墜落していく特攻機

⑥出撃前、子犬を抱く幸雄と少年飛行兵たち〈朝日新聞社提供〉

── 特攻機で沖縄に出撃した少年飛行兵 ──

　荒木幸雄は、大空にあこがれる運動の得意な少年だった。1943年、15歳になったとき、東京陸軍少年飛行兵学校に出願し、合格した。しかし、1年間の基礎教育を省かれ、そのまま操縦を学ぶ上級学校へ行かされた。幸雄たちは、一日も早く戦地に行くために訓練を受けた。幸雄は訓練中、空を見上げながら一度だけ仲間にぽつりと言った。
　「できたら、工業専門学校に行って航空技術者になりたいんだ」
　幸雄は、1年間の上級学校教育を終えて少年飛行兵となり、平壌にある飛行部隊で襲撃機の操縦訓練を受けた。そして、1945年5月27日、17歳2カ月で、襲撃機を改造し翼下に250キロ爆弾をつるした特攻機に乗り、万世基地（鹿児島県）から沖縄に出撃した。幸雄たち第72振武隊の少年飛行兵は、初出撃が特攻だった。

235

13

政治のしくみについて考えを深め、現在の日本と世界を見る力を培ってほしいと考えている。

域で独自の生活や文化があった事実を記述している。先住民も歴史の主体として登場する。

一方、2019年の日本の男女格差指数は153カ国中121位（WEF）と低く、依然として男女平等が進んでいないことを示している。差別の壁は就職、職場、家庭のあり方など、さまざまな面で子どもたちの未来に立ちふさがっている。女性が生きづらい社会は、人が個人として尊重されない社会である。学び舎教科書は、女性を歴史の主体として、その働き、学びと創造、たたかいや運動などを多くのページに記載した。

● 多様な人びとの思いを重ね合わせる

今日、世界では、ナショナリズムが強まり、緊張が高まっている。東アジアの歴史認識問題も解決に向かっていない。こうした中、多様な人びとの思いを重ね合わせて、広い視野で歴史を学ぶことがますます大切になっている。

学び舎教科書は世界史を広く扱い、中国や朝鮮・韓国など東アジアに多くのページをあてた。北海道、沖縄の視点を充実させ、さまざまな地

教室の生徒たちが、『ともに学ぶ人間の歴史』をともに学ぶ中で、個人として尊重しあえる社会について考えを深めることを願っている。■

教科書 p.188 「戦場は中国だった

① 戦火で焼け出された人びと（中国東北部）

② 日露戦争の戦場

（3）戦場は中国だった —日露戦争—

日本とロシアはどこで戦ったか。両国では民衆の暮らしはどうなるか。戦争を続けられるのか。

日露戦争の開戦

1904年2月8日，日本の海軍が，旅順港内のロシア艦隊を奇襲攻撃した。同じ日，陸軍は，朝鮮の仁川を占領した。これによって日露戦争が始まった。

■ 戦火に追われる人びと

フォーカス

1904年の秋，満州（中国東北部）の奉天（現在の瀋陽）に，日露両軍に村を追われた人びとが，次々に逃げ込んできました。人びとは

『ともに学ぶ人間の歴史』に込められたもの

■ ワクワク、どきどき、歴史と出会う

中学校の歴史学習のスタート。歴史を学ぶ楽しさを広げる。
こんなことがあった！なぜ？どうして？から出発。

■ 時代に生きる人びとの姿を読みとる

歴史は、たくさんの人びとによって作られる。
その名まえの多くは、記録も残さず、忘れ去られてしまったが。
人びとの姿をとおして時代をイメージし、学習が始まる。

■ 民衆の声を、たたかいを、いきいきととらえる

新しい時代をひらこうとするとき、民衆は声をあげる。行動を起こす。
その現場に立ってみるところから歴史学習は進む。

歴史の中の女性と子どもに光を当てる

① アンネ・フランク（1929〜1945）〈ANNE FRANK HOUSE〉

② アンネが残した日記〈ANNE FRANK FONDS〉

③ オードリー・ヘプバーン
（1929〜1993）

① 少女遊びだし双六
ぶりしは「学校時代」、将来
なりたい職業を、それぞれ上り
に選んで遊ぶ。
〈少女世界付録 1927年 実地沢
六田蔵〉

② 新高少女双六の上り
「生け花」「読書」「琴」「掃除」
「裁縫」などをへて、「子どもに囲ま
れた母」が上りになる。
〈少女倶楽部付録 1916年 福地遊泉筆蔵〉

（12）女性は太陽だった ──社会運動の広まり──

平塚らいてうは、元始、女性は太陽だったと宣言した。権利を求める運動はどう広がっていく

教育の制度
　1907年に、小学校6年間を義務教
育とした、小学校卒業後の進学先に
は、高等小学校2年、中学校（男子）
5年、一部は4〜5年などがあった。
女子学校への進学率は、1920年に9％、
1925年には15％近くになった。

■ 月のように生きたくはない

　平塚らいてうは女学校を卒業後、設立されたばかりの日本女子
に入学し、哲学や文学の本に読みふけりました。1911年、25歳
女性の作家や詩人の作品を掲載する文芸雑誌『青鞜』を創刊しま
誌の編集や販売の仕事なども、女性たちが行いました。創刊号
らいてうは「元始、女性は実に太陽であった」と宣言します。
　当時、女性には選挙権も財産権もなく、自分の意思で結婚する自由も
ありませんでした。太陽である男性に従い、月のように生きる考えや制度
進めさせられ強いられていたのです。『青鞜』は、このような考えや制度

④ 隠れ家（オランダ・アムステルダム）
本棚の裏が、隠れ家の入り口になっていた。
隠れ家での生活は、およそ2年続いた。通報
され、一家は捕らえられ、強制収容所に送
られた。1945年3月、アンネは病気のため、
16歳で死亡した。同年5月、ドイツは降伏
した。〈ANNE FRANK HOUSE〉

⑤ ドイツ軍に対するフランス・パリ市民のレ
ジスタンス（1944年8月）

（9）戦争と二人の少女 ──ヨーロッパの戦争──

オランダにいた少女たち。オードリーはどんなことをしたか、アンネはどこへ連れていかれたか。

■ 隠れ家で日記を書く

　「1942年9月28日：ぜったいに外に出られないってこと、これがど
れだけ息苦しいものか、とても言葉には表せません。でも、反面、見つかっ
て銃殺されるというのも、やはり恐ろしい」。この日記を書いた少女はア
ンネ・フランク、オランダに住んでいたユダヤ人です。
　ドイツではヒトラーの政権の下で、ユダヤ人への迫害と差別が強めら
れました。自由に移動すること、学ぶこと、仕事することをはじめ、人
間として生きる権利を根こそぎ奪われました。そのため、アンネは家族
とともに生まれ故郷のドイツを追われ、オランダに移住しました。
　しかし、ここもドイツ軍に占領され、ユダヤ人には、黄色いダビデの星
のマークをつけることを強制されます。父親のオットーは、事務所に出
られなくなり、アンネは学校に通えなくなりました。1942年7月、アン
ネの一家は、ほかのユダヤ人とともに、隠れ家で息をひそめて生活す
るようになりました。

■ ドイツに抵抗する連絡係

　このころ同じオランダに、母親を助けて、ドイツ占領軍に対する抵抗
運動（レジスタンス）に加わった少女がいました。この少女の名前は、
オードリー・ヘプバーンです。オードリーの兄たち二人は、ドイツへの
協力を拒んだために、収容所に入れられていました。叔父たちは捕まって、

230

年表ページは3地域構成

年表ページの時代区分は、北海道など／本州など／沖縄など／の3地域構成にしています。

『ともに学ぶ人間の歴史』に込められたもの

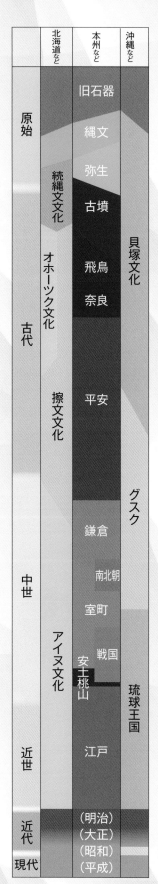

	北海道など	本州など	沖縄など
原始		旧石器	
		縄文	
	続縄文文化	弥生	
		古墳	貝塚文化
古代	オホーツク文化	飛鳥	
		奈良	
	擦文文化	平安	
中世		鎌倉	グスク
	アイヌ文化	南北朝	
		室町	
		戦国	
		安土桃山	琉球王国
近世		江戸	
近代		（明治）	
		（大正）	
		（昭和）	
現代		（平成）	

■ 文化を生み出した願いや感動に、思いをはせる

文化は生まれ、変わり、交流しあう。文化を知る、学ぶ、受け継ぐ。
そして、文化を生み出す。
文化の誕生に立ち会い、感動を共有して学習が広がる。

■ 東アジアから、世界からの目で見る

日本列島、日本国、日本人…。境界が線ではなかった時代もある。
はるか遠くから響いてくる歴史、視点を変えることで見えてくる歴史。
アジアの中で、地球の上で共に生きるために学ぶ。

■ 戦争の現実を見る、平和を考える

侵略戦争と植民地支配、加害と被害、抵抗・反戦と協力加担、戦争責任…。
記憶され語られる事実、掘りおこされる事実、記録され分析される事実。
アジアの中で、国際社会の中で平和を考えるために学ぶ。

■ 主権者として、現代の課題に向きあう

現在と未来の主権者として、現代をとらえる学び。
現代を生きる自分たち自身をとらえ直す学び。
公民的分野の学習へと橋渡しする。

学年に応じた文章で学ぶ

● 学習する学年によって変わる漢字表記の例

《1年：奴れい → 2年：奴隷》

《1年：さかん → 2年：盛ん》

漢字が読めなくて入り口でつまずき、「社会科嫌い」になる生徒を減らします。
読み通し、自分で判断することによって、言語能力が育ちます。

第2章
子どもたちの問い
～教室の授業風景～

灘中学校 歴史学習と教科書

辻 富介

■ 教科書を「読む」とは

歴史学習をこれから始めようとする生徒に対して、広く膾炙した言葉が「教科書を読んで、歴史の流れをつかもう」といったものである。しかし、本当に教科書を読んで、歴史の流れがつかめるのだろうか。教科書を読んで流れをつかめるのなら、その生徒はかなり高いレベルの歴史学習に到達しているといえるのではないか。

実際のところ、教科書はとてもわかりにくい。多くの生徒は、読めば読むほどわからないことが出てくるのではないか。なぜなら、教科書の説明はあまりに抽象的であるからだ。たとえば「政権を握る」といったとき、その具体的な内容はいったい何なのだろうか。現代社会であれば議会の多数を占め、首相を選任し…となるのだろうが、古代や中世においてどういった状態を「政権を握る」というのか。サラリと読み流してしまう語句なのだが、実は難しい。しかし、そのような語句にこだわって考え、現代と過去との対比を通じて現代社会を相対化していくことで、歴史の学習が深まっていくのではないか。教科書は問いかけながら読まなくてはいけないのである。問いかけながら各時代の特徴を際立たせていく、その過程でようやく歴史の流れというものはつかめるのであって、一読しただけでつかむというのはなかなか困難な作業である。

■ 教科書の中にある「問い」

教科書にあるすべての問いや疑問を授業でカバーするのは不可能だろう。しかし、授業は問いかけの場でありたいと考える。授業とは生徒が問いを持つ場であり、その解決は生徒個人に委ねられてよいと思う。

特に中学1年生にとっての授業は「歴史入門」としての位置付けが強い。旧石器・縄文・弥生時代の学習で「教科書を読んで気づいた点を挙げてみよう」という課題では、意外な回答も登場する。28ページの「板付のムラの秋」の挿絵から、「稲の背が高いのはなぜか」や「田に雑草が多いように見える」など、弥生時代の農耕のあり方、稲の実りの様子について現代と異なるのではないかという気づきが多く見られた。また、「女性ばかりが作業しているのはなぜか」といった、授業者も答えに窮するような質問も見られた。単に「弥生時代に水稲耕作が始まった」という説明ではすでに弥生時代の人々が現代と変わらないほど米を食べていたかのような誤解を招く。しかし実際には面積あたりの米の収穫量は現代よりずっと低い。この理解があってこそ、弥生時代の社会に戦乱があったことや、中世や近世に農業技術が向上することの意味が理解できる。

「平氏が政権を握る」ということの具体的な内容はなにか、教科書60～63ページを題材に問いかけた。教科書には「軍事指揮権をにぎる」「荘園の管理にかかわる」などの記述があり、そこを多くの生徒が挙げた。では「荘園の管理とは何か」について、教科書62・63ページは示唆に富んだ。こうした理解が、つづく鎌倉幕府の役割の理解につながる。

■ 歴史が「暗記物」になる前に

このように考えると、学び舎の教科書は一読しただけではわからないところが多い。なぜこのような記述や図があるのか、戸惑う箇所もみられる。しかし、そのような「わからない」と生徒が感じられるところにこそ、授業者が引き出したい問いが潜んでいる。せっかく問いやわからない箇所を発見しても、解決せずにわからないままに無理やり暗記してしまおうとするため、「暗記物」として歴史の学習は忌避されがちになる。問いに生徒たちが向きあってこそ、歴史の理解が深まるのであろう。　　■

麻布中学校

「学び舎教科書」が好きな生徒、きらいな生徒

水村 暁人

■「学び舎教科書」への生徒の反応

「学び舎教科書」を手に取った生徒の反応は大きく二つに分かれる。「これまでの教科書と違って面白い」という反応。そして「これまでの教科書と違って読みにくい」という反応である。たしかにこの教科書は、多くの生徒が目にしてきたであろうものとはずいぶん様相が異なる。とにかく読んでいて「あれ？」と思わせるところが多い。「こんなこと全然知らなかった」という内容的な新奇さだけでなく、ひと味違った構成や切り口に生徒は目を丸くする。私はいっそのことそれを積極的に利用してしまおうと考え、現場で「教科書のヘンダナ探し」というレポートを課している。

■「ヘンダナ」を探そう

生徒たちは、教科書を読んで気付いた点（何でも良い。これを「ヘンダナ」と称する）を専用の用紙に記入して提出する。単に「ヘンダナ」を見つけるだけではなく、なぜそう思ったのか、さらにそれについて自分なりに調べた（思いついた）内容も記入する。いつ何枚出しても良い。生徒たちは教科書に対する「ダメ出し」「ツッコミ」を書くだけでいくらかの点数がもらえるとあって、まるでお駄賃稼ぎのようにレポートを書いてくる。一つ例示してみよう。

43頁「奈良の都─律令制の成立」…「九州南部の隼人とよばれる人びとは、8世紀後半まで庸・調を課せられませんでした」という記述⇒生徒の意見「隼人には課せられなかったのはなぜか。隼人による墾田を奨励し、優遇するためと考えられる。また律令制導入に対する隼人の動揺を防ぐためではないか。」

この生徒は、班田農民と九州の隼人との律令税制の差異に気付き、なぜ隼人のみ免税されたのかと考え、当時の律令国家の支配拡大過程を想像しながら推論している。紙幅の都合上、他の事例を紹介できず残念だが、総じて生徒たちは説明不足や矛盾がみられる点には結構鋭いツッコミを入れてくる。そしてそれなりに調べたり推測したりしながら、一応論理的な説明を導き出している。この実践はどんな教科書でも可能ではあるが、「学び舎教科書」のツッコミどころの多さがより実践をやりやすくしていると思われる。生徒が問いたくなる疑問を意図的に残している点こそ、この教科書の大きな特徴であろう。

■ とまどう生徒にどう寄り添えるか

この実践の意図は、教科書を批判的に読む作業を通じ、歴史の通説が唯一不変の正解ではないことへの気付きをうながすことにある。歴史学習の醍醐味とは、過去の人々の営みを学ぶことを通じて、現在の価値観や通念がいかに歴史的に作られてきたものであるかを実感することにあろう。教科書を批判的に読む力を養いながら、生徒たちが自己の置かれた立場、自らを取り巻く社会を相対化できるたくましさを培ってほしいと思う。

しかし冒頭に話を戻せば、教科書をまじめに一生懸命覚え込もうとしている生徒ほど、この教科書にとまどい、不安を感じる傾向がある。これまで歴史教科書はもっぱら暗記の対象物とされ、時代の流れや重要事項を効率的にわかりやすくまとめたものが「よい教科書」とされてきた。そしてその内容を疑いなく従順に暗記できる生徒を数多く生み出してきたといえる。「学び舎教科書」の登場は、そうした歴史教育のありかたに一石を投じた。しかし今後この教科書がより現場で生かされていくためには、「学び舎教科書がきらいな生徒」のとまどいや不安にも、いかに寄り添っていけるかを考えることが大切だろう。「学び舎教科書」と出会って4年目の今、そんなことを考えている。 ■

自由の森学園 「聴き合うこと 考え合うこと」
──応答的空間での学びと育ち

菅間 正道

■ 対話は大切、されど…

哲学カフェやフィンランドメソッドなど、「語り合う／聴き合う」場や、その大切さを説く本が話題になっている。

また、中学校学習指導要領〈歴史的分野〉には「複数の立場や意見を踏まえて公正に選択・判断したりする力、思考・判断したことを説明したり、それらを基に議論したりする力を養う（目標）」とか「課題を設けて追究したり、意見交換したりするなどの学習を重視（内容の取扱い）」などの記述がある。もとより、歴史的事象やその背景・原因などについて、多面的・多角的に考察・議論し、複眼的思考を養うことは、歴史で学ぶべき大切な事柄である。しかし、「語り合い／聴き合い」や「議論／意見交換」の重要性や必要性が謳われるということは、裏を返せば、いかに学校での学習において「聴き合い」の時間がないのか、ということを物語っている。学校の授業シーンといえば、教師が板書し、喋り、生徒がそれを聞き写すという、一方的な知の伝達、及びそれを貯め込む「銀行型教育」（P・フレイレ）が支配的である。試験や受験が近づけば、その対策のため授業中、ひたすら問題集を解くことも少なくないという。これでは授業が知的な対話の場になるはずがない。

■ ナチスのユダヤ人迫害問題を問う

私自身が授業のなかで「問い」と「対話」にこだわってきたのは、対話すること──それ即ち自己と他者を尊重することであり、知的な認識と他者関係の深化に不可欠な契機であると考えるからである。

ではそれを、ナチスのユダヤ人迫害の授業で少しだけ具体的に見てみよう。この授業(*)では2つの主たる問いかけ「問1　この時代（ナチ党が政権を奪取して以降）、もし、あなたの友だちがユダヤ人だったら、交流を続けますか？それとも断ちます

か？」と「問2　交流を断つと答えた人には、ユダヤ人迫害・虐殺の問題への責任があると思いますか？それともないと思いますか？」を軸に展開されていく。この問い自体がいわゆる「思考実験」であり、「正解のない問い」である。同時に戦後ドイツにおいて議論されてきた、戦争責任論とも重なる問題である。生徒の発言は、問1においても、問2においてもおよそ半々くらいに分かれる。「自分や家族を守るためにユダヤ人との交流を断つことは仕方のないことであり、それは戦争責任を問われるものではない」「もし、大勢の人がナチ支配に抵抗して、ユダヤ人を守ったり匿ったりしたら、歴史が少し変わったかもしれない。だから、交流を絶った人には何らかの道徳的な責任は発生する」。簡単な正解などないが、だからこそか「とても印象に残った」と述懐する生徒は少なくない。

■ 自己・他者・世界と向き合う

議論の結論よりも、この思考過程での「自分ごと」に引きつけたモヤモヤ、立ち往生こそが大切なのであり、この場合の対話の相手は大きく3つある。それは「自己・他者・世界」である。切実な問いと教材に出会い、自分に問いかけ、他者に問いかけ、世界に問いかける。

問いは、教師／生徒から呼びかけ（コール）というかたちで発せられ、それに対する応答（レスポンス）がある、このような「コール＆レスポンス」＝応答的環境のなかでこそ真性の学びと育ちがあるはずだ。かけがえのない自分と、それに応答してくれる他者と世界が確かにある。そのことを実感させてくれる場を、私たちはどれだけ創ることができているのだろう。その挑戦に向き合い続けること、そのことがまさに授業づくりに他ならない。そして、その芽が学び舎の歴史教科書には散りばめられている。　■

（＊）拙稿「第9章（9）戦争と二人の少女　あなたならどうする？　ナチのユダヤ人迫害問題を考える」
（『「ともに学ぶ人間の歴史」授業ブックレット No.4』）

活水中学校

歴史を学ぶとはどういうことだろう?
──『ともに学ぶ人間の歴史』を使って考える

奥山　忍

■ はじめに

　歴史が嫌いな生徒は、歴史を知らなくても生きていけるという。それでいいのか?いや、良くない。だからこそ、授業で興味を持たせる工夫が必要だ。といっても、現場の教師は教材研究の時間もままならない。ではどうするか?優れた実践に学べば良い。優れた実践からは歴史の本質が学べ、子どもたちが目を輝かせる鍵となる仕掛けや史資料が必ずある。それを目の前にいる生徒たちに合わせてアレンジすることで、日々の授業に生かすことができる。『ともに学ぶ人間の歴史』には、そうした教師たちの知恵と実践がふんだんに生かされており、私にとっては授業ネタの宝庫だ。

■「歴史と出会う ─ 6月23日、沖縄で」

　本校は、中2の修学旅行で沖縄に行く。歴史という新しい科目で最初の時間、修学旅行先の沖縄について生徒の学ぶ意欲は高い。歴史を学ぶとはどういうことか考えてもらうのに、学び舎教科書の「歴史と出会う」はうってつけだ。修学旅行はどこに行くの?とあえて聞き、「歴史を学ぶとはどういうことか」という問いを生徒自身に考えてもらうことにした。教科書の該当ページを開け、本文を読んで、その問いについて考えた生徒の意見をいくつか紹介する。

　「『平和の礎』には、アメリカ兵の名前も刻まれていると書いてあり、そこを読んだ時に、なんで、日本人だけじゃないの?と少し疑問を持った。でも、あとからよく考えてみると、それはそうだな、と思った。アメリカ兵の人たちも自分たちも行きたくてアメリカ兵になったわけではないかもしれないし、その家族の人も好きで見送ったわけではないだろうから、同じ人間と

して『平和の礎』に名前を刻まれていないと、おかしいなと思った。家族の名前をなぞる女性というのを読み、少しその気持ちがわかる気がした。今までずっと一緒に仲良く暮らしていた家族を急に亡くすのは想像しているよりもずっとつらい。」

　「戦争で亡くなった方々が多くいる中で生き残った方々、被害者の方が私たちに伝えたことを私たちも考えて次の世代に伝える。そのようにして歴史を学び、伝えていくのかなと思う。自分が知らないこと、この国や世界で起こったことを知り、考えることが歴史を学ぶ意味になるのかなと思った。」

　「歴史を学ぶということは、その時の思いや考えを知って、一人一人の生き方を変えていくという事だと思う。学ぶことによって何がいけないことなのか、はっきりと考えを持つことができる。」

■ 豊かな歴史認識を育む

　生徒の意見を読み、沖縄や歴史に関して、どのような認識を持っているか理解することができた。沖縄出身の生徒がクラスにいて、実際に「平和の礎」に家族と一緒に行っていることも、この授業で初めて知った。また、本校は長崎の爆心地から約500ｍにあるため被爆3、4世の生徒がいるが、そうしたことも書かれ、個々の生徒のことがよくわかった。長崎で育って来た生徒の「平和と戦争」の認識は、「長崎原爆」で終わってしまうことも多い。しかし、「沖縄戦」のことを少し知ることで、その認識が揺さぶられ、より広い視野から考えようとする様子も読み取れた。

　この教科書で学ぶ生徒は、歴史を多面的に考え「深い学び」につなげていた。生徒と共に考える歴史学習をすすめ、歴史認識を深める。それができる教科書が『ともに学ぶ人間の歴史』だと思う。　■

ムギとブタ

――― 千葉　保 ―――

■ 第1章（2）「種が落ちないムギ―農耕と牧畜のはじまり―」（教科書 pp.14〜15）

1 野生のムギと栽培種のムギ

（1）種を見つめる（教科書図版③）

　どちらが野生のムギの種だろう？右側は大きく太く、左側は小さく細長い。生徒は「小さく細長いのが野生の種だ」と考える。人類は野生の細長い種から大きな種をつくっていったと考えるのだ。

　ではどのようにして大きな種にしていったのか？各年代でより大きな種を選んで蒔き収穫した。これを繰り返してより大きな種と実ができていったと生徒は考えた。この繰り返しを続け3000年、アブ・フレイラで発掘された栽培種の種ができたと専門家も考えている。

（2）穂を見つめる（図版②）

　穂の違い、野生種はどちらか？

　野生のムギは、穂は密集せず拡散し実ると種が落ちて散らばってしまう性質を持っていた。土の上に散らばった種を集めるのは容易でない。そこで人々はより密集し集めやすく食料にしやすいものを選んで種として蒔いていったのだ。これを繰り返し実の密集した穂で種の落ちない穂に改良していった。

　ここで野生のムギの長所を考えてみた。実るとすぐ落ちて散らばる性質が子孫を残すよい仕組みだったと生徒は考える。動物が実を食べようとしても全部は食べることができないからだ。

2 授業は零余子（むかご）の話から

　私はこんな経験談を生徒に話した。9月初頭、長野県飯山地方の棚田を見に行った。そこで零余子を見つけた。零余子は野生のムギと同じにバラバラに実（種）がついている（写真）。零余子（むかご）ご飯にして食べようと、実を取ろうと手を出した。あっ！実（種）に指をかけたとたん、近くの他の実（種）もバラッと地面に落ち

てしまった。拾おうと思ったが地面と同じ色でよく探せず少ししか取れない。（以下、教員の発言を『　』、生徒の発言を「　」で記す。）

　「バラバラに落ちて全部はとらせないってこと？」

　「あっ、子孫を残すための仕組みなのでは…」「そうか、全部を食べさせないで、子孫を残すぞという姿なのか」

　「ということはムギも…」

　『すごいことに気がついたね。野生のムギと栽培されてるムギの一番の違いは、種子の落ち方です。野生のムギは、種子が熟してくると手でふれただけでバラバラと落ちてしまいます。これは、他の動物から自分たちの子孫を守るために身につけた方法だと考えられます』

　「すごい仕組みを持っている」

　『種子が穂の部分から落ちにくいと大型の動物によって一度に種子が食べられてしまうおそれがあります。ところが、ふれただけで種子が落ちてしまうと食べられてしまう前に、種子の多くが地面に落ちてしまいます。こうなるとそう簡単には食べることができません。1粒ずつ拾って食べるしか方法がないのです。こうして野生種は絶滅しない仕組みを持っていたのです』

　「野生種もこんなにすごい仕組みを持っていた」

　『こんなにすごい野生の種から人間はなぜ栽培種をつくろうと思ったのかなぁ』

　「食料が足りなかったからだと思います」

3 ブタの家畜化を考える

　野生動物を家畜へ変える歴史を考えよう。人間はいつ頃からブタを飼ったのだろう。世界でもっとも古い豚の骨は，中国南部の遺跡で発見されている。紀元前8000年頃の新石器時代のもので、紀元前4000年頃のメソポタミアでも飼われていたといわれる。そして、18世紀以降、ヨーロッパとアジア系の豚によって交配され、現在の豚の品種が出来上がったといわれている。

　日本でブタがいつから飼われ始めたのか考えよう。1988年〜1989年に大分市の下郡桑苗遺跡で弥生時代の完全な形のイノシシ類頭蓋骨3点・ブタ頭蓋骨が出土した。そのほか九州や本州の遺跡においてもブタやニワトリの出土事例が相次いだ。

　弥生時代の「イノシシ」に関しては、研究者の西本豊弘さんが下郡桑苗遺跡出土のイノシシ類骨に骨の家畜化現象が認められることから、野生のイノシシではなく家畜としての「ブタ」であるとした。その後、弥生ブタの発見事例が相次ぎ、1999年時点で10カ所以上からの弥生遺跡において弥生ブタが確認されているので、日本人は弥生時代にブタを家畜化したようだ。

4 イノシシとブタ

イノシシからブタへ、どこを改良していった？

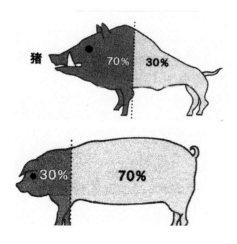

　猪　70%　30%

　30%　70%

「食べられる部分（肉）を多くした」「前足から後ろの肉の部分を増やした」「食べられる部分が30％から70％に増えてる」

『少しでも肉の大きいもの同士を交配させて、今のブタにしていった。それ以外にも改良したことはなんだろう？』

「たくさん子どもを産むように改良していった」

『猪は一度に5匹ほどの子どもを産み、体重90kgになるのに約400日かかります。改良した豚は一度に10匹ほど産み、約160日で110kgに達するそうです』

「ブタを改良してきた人間の歴史ってすごいなぁ」

「このおかげで私たちも生きていける」

『ブタに牙がないのは、生まれるとすぐに牙を抜いてしまうからだそうです。牙があるとけんかしたりじゃれたりして傷がつくから高く売れなくなるし、荒っぽくなるから』

『ヨーロッパでは麻酔をかけてブタが痛くないようにして抜歯しているが、日本では麻酔なしで生まれて1週間以内に抜歯している』「かわいそう」

『ブタが小さい時に事故にあって死ぬことが少なくなかった。どんな事故だと思う？』

「うまくお乳が飲めないの」

『母ブタが授乳時などに押しつぶしてしまう事故が多かったそうです。それを防ぐために母ブタが動くと扇風機が風を送る。子ブタが寒さを感じて柵にへばりつく仕組みをつくったりしました。現在は檻を工夫して親ブタと子ブタが重ならないような柵を工夫しています』

　ブタが飼いやすかったわけは、①ブタは雑食性で何でも食べる。②群れをつくる性質があり、囲いの中で飼育するのに都合がよい。③妊娠期間が短く多産で、子豚の時から飼いやすい。④繁殖の習性が単純で，改良に便利だった。

『人間が食べるために昔からいろんな工夫を根気よくしてきたことがわかってきましたね』

5 種を自殺させる現代

　ターミネーター種子が巨大なアメリカの種子会社で作られ、世界中に広がっています。種子に致死性タンパク質をつくる遺伝子を組み込み、1代目は普通に蒔いて収穫できるが、2代目になるとこの遺伝子が致死性タンパク質を生成して成長を阻止する種です。

　こうすると毎年農業する人が種を買うようになり、会社の儲けが大きくなる。そんな現代も考えたいね。

戦争に特化しない
13〜14世紀日元関係史の授業

―――― 三橋 広夫 ――――

第3章（7）「一つにつながるユーラシア―モンゴル帝国―」（教科書 pp.68〜69）

1 「クビライ゠カンの国書」は中学生のモンゴル観を揺さぶる

授業中にある子どもはこう発言した。「日本が高麗と接していたからってモンゴルに従わなければならない理由はない。その高麗だって30年も元と戦っている。フビライも命令みたいな言い方をしている。それなら、死ぬ気で戦うべきだ。最初はこう思ったが、みんなの意見を聞いて変わった。朝貢すれば利益は莫大だ。新しい物や文化がどんどん入ってくるし、もし国が危なくなっても元が助けてくれるので、やはり元に従うべきだと思った」

逆のベクトルの変化もある。「フビライは『兵を用いるような事態になることはどちらにとっても、好ましいことではない』と言っているので戦う必要はない。戦えばどちらの国民にも被害が及ぶので交渉すればいいと最初は思った。だけど、みんなの意見を聞いて考えが変わった。もしこのとき日本が従ったとしたら、おとなしすぎる。私は元が嫌いだ。そう思うとさっきのフビライの手紙もうそのように思えてくる」

つまり、子どもたちの中には、このように二つのモンゴル観が内在しているため揺れるのである。

どのような教科書の記述が子どもたちのモンゴル観を揺さぶり、その意見交換を通して新しい世界認識を獲得できるか検討されるべきであろう。

2 多様な日元関係

クビライが日本の交易要求に応答してそれを許諾していることも、当時の日元関係を考える際には、欠かせない事実であろう。

クビライは日本や東南アジア諸国との貿易を積極的に振興する意図を持っていた。もちろん、貿易の利益のみを目的としたものではなく、海外諸国招致の手段だった。

二度にわたる「モンゴルの襲来」が侵略戦争であったことはまちがいない。しかし、この戦争に特化して日元関係を扱えば、結局過去のモンゴル帝国との関係を自国史の中に押し込め、あるいは自国史からのみ叙述することによって、そのナショナル・アイデンティティを強固にしようとする傾向を強めることになる。そして、そこには文明と野蛮という二項対立を内実化させる働きがある。

クビライの死後、元は1299年に一山一寧（渡日後一時幽閉されたが、建長寺の住持となった）を日本に派遣した。これ以後、日元両国ともに交易体制の確立をめざし、その結果貿易が盛況を迎えた。この一山一寧に師事したのが雪村友梅で、彼は元に渡って20年以上滞在し修行に励んだ。ここから、「モンゴルの襲来」を前後して人的交流もかなり盛んだったことがわかる（今谷明『元朝・中国渡航記』）。

さらに、日宋貿易や日元貿易を担った商人はどういう人たちだったのだろうか。11世紀末ごろから博多には「大唐街」と呼ばれる中国人街が形成された。日本と南宋の貿易を主に担ったのは、ここに住む「博多綱首」あるいは「博多船頭」と呼ばれる中国人だった―ただし、彼らが近代以後の「中国人」というアイデンティティーを持っていることを意味しない。便宜上こう表現するにすぎない―が、日本最初の禅寺であった博多の聖福寺などの建立に重要な役割を果たし、神人などの地位も得ている。

その「博多綱首」が13世紀半ばに史料に現れな

くなることから、従来は日本人商人の台頭を想定していたが、天竜寺船などの寺社造営料唐船の運行には博多の海商、すなわち「博多綱首」の後身があたっていたと考えられている（大庭康時『国際都市博多』）。

つまり、モンゴル軍が攻め入ってきた当時の博多は、中国人が主要な役割を果たしていた都市であり、その事実は野蛮なモンゴルと文明の日本という認識を崩す可能性を持っている。それだけ歴史は複合的であり、広がりを持っているといえる。

さらに、1975年に韓国の新安沖で発見された沈没船について考えてみよう。この船には陶磁器2万点以上、銅銭28.1トン、紫檀木千本など大量の商品が積まれていたことがわかっている。この船は、1323年、中国の寧波を出航し、日本の博多に向かう途中、嵐のために朝鮮半島南西部の海岸に漂流・沈没し、「東福寺」と書かれた木簡もあったことから東福寺の寺社造営料唐船であったと推定されている。また、「綱司」と書かれた木簡も「博多綱首」をにおわせる。そうであれば、日元貿易を担っていたのも「博多綱首」となる（佐伯弘次『モンゴル襲来の衝撃』）。

この事実をはたして「モンゴル襲来」後のできごととしてとらえていいのだろうか。年表上はそうだろう。しかし、寺社造営料唐船を送った当時の人々の意識を考えるとそう単純ではない。

最初は九州の御家人に、そして「弘安の役」の後、東国の御家人にも課せられるようになった軍役に異国警固番役がある。これは御家人たちにかなり負担をしいた。そのため、九州には年貢が免除されて荘園領主に上納されなくなった荘園があるほどである。鎮西探題が設置されるとその傾向はさらに強まった。この軍役が、実質的な意味を失うのは鎌倉幕府の滅亡後である。つまり、それまでは、少なくとも九州の御家人にとって戦争は続いていると見るべきであり、そうした時代状況をふまえて寺社造営料唐船の持つ意味を考えることが必要だろう。

この沈没船には浙江の龍泉窯青磁が大量に積まれていた。白磁、福建の建窯の天目茶碗などもあり、

モンゴルの重要な交通の拠点であった集寧路（現内モンゴル自治区集寧区）の発掘品とまったく同形式のものが発見されている。当時、鎌倉や京都の有力な寺院では、龍泉窯の大花瓶、香炉が重要な調度として揃えられていた。また、金沢実時の子、顕時の墓に収められた青磁と同形の壺は、トプカプ宮殿にも収蔵され、東へ、西へと輸出されていた（宮紀子『モンゴル時代の出版文化』）。沈没船の積載品から、元を中心とした文化の交流の広がりを感じることができる。

また、元の時代は「日中韓の三国において、国境をこえた共通の出版・学術・文化状態が出現した」大交流の時代だったとも言われる（杉山正明『モンゴル時代のアフロ・ユーラシアと日本』）。実際に、1227年から1364年までのおよそ140年間に日元間の往来船は57隻に及ぶ。平均すると2～3年に1隻の船が日本から元へ、あるいは元から日本へと行き来していたのである（魏栄吉『元・日関係史の研究』）。

このような多様な日元関係を意識して授業をすると子どもたちの認識が広がっていくだろう。

新安沈没船出土の木簡（韓国中央博物館蔵）

生徒と協同作業で描く町人の姿

――― 篠宮 雅代 ―――

■■■■■ 第5章（3）「刀より金銀の力－商業の発展と元禄文化－」（教科書 pp.112 ～ 113）

1 図版の読み取りから時代のイメージをつかむ

メイン図版①「町人と武士の上野での花見」の花見客のようすから多くの気づきと問いが生まれる。またフォーカスの文章をもとに生徒と協同して描いた想像図や、書画カメラで拡大した絵本や着物の本から元禄時代の町人の生活を想像し、疑問を出させる。視覚から問いがたくさん生まれる。

2 着物と娯楽からみる商人の経済力

平和な世の中となり、刀の出番はなくなり、城下町で武士と町人が同じ場所で花見を楽しむが、図版から武士と町人の違いを探してみる。

T：花見客は何をしているか注意深く見よう。現代の花見との違いでもいいよ。

S1 踊っている。練習の成果を見せている？

S2 三味線を弾いている。お琴を弾いているのは主人の娘で習っている？

S3 花見弁当が置いてある。お酒を飲んでいる。

S4 まな板の上で刺身を作っている人がいる。

S5 お椀をふいたり、酒を運んでいる人がいる。

S6 今はブルーシートを敷くけれど幕は張らない。

S7 衝立？屏風が置かれていてリッチそう。

T：花見客を町人と武士に身なりで分けてみよう。

S1 羽織を着ている一番左の男性は武士かな。

S2 坊主頭の2人の男性は町人？お坊さん？

S3 料理している人は刀を差しているから武士かな？幕の外で敷物もないけれど。

S4 お椀をふいたり酒を運んだりしているのは大商人の使用人では？

S5 幕の中に大商人の主人家族3人がいて、厚手のピンク色の敷物の上にいる。

S6 松の木から右側は服装が派手で、赤い着物が目立つから町人かな。

S7 町人？刀を差しているよ。女性も刀を差している。

T：町人が刀を持てた理由や着物の素材を考えよう。

S8 金の力で刀を持てたのかな。着物は絹で赤い色は紅花で染めた。京都の西陣織の高級品かな。

T：着物は財力を見せびらかす道具だね。花見用に着物を持ち出し、雨に濡らすのが粋とされたよ。

3 刀より金銀の力

身分は上でも収入が増えない武士に対し、天下の台所大阪を中心とした上方の大商人は、元禄時代に入ると江戸にも支店を持ち、全国の流通・経済を握るようになった。商人が始めた仕事をその必要性から生徒に考えさせたい。

T：大阪に米市場ができると武士にとって都合の良い点は何かな。

S1 食べない米を現金にできる。それで物が買える。

T：大量の米は何で運ぶかな。馬？人が背負う？

S2 船なら大量に運べる。大阪に航路がある。

T：ただし、船の短所は遭難と時間がかかる。逆に陸路に適したものは何かな。

S3 遭難しては困る高級品・・絹織物、千両箱？

S4 早く届けないといけないもの、腐りやすいもの？

T：変質し易い酒は樽廻船という高速の船で運んだよ。

S5 飛脚の運ぶ手紙、情報は早い程いい。

T：米相場の情報や各地の売り物の情報に大商人は

大金を払っても手に入れたね。

S6 千両箱を載せた馬が狙われたら大変だね。

T：大阪で大量の年貢米を現金化してもそれを江戸に運ぶ警備は幕府も大変だったよ。また大阪は銀、江戸は金で使用する貨幣が違っていた。この悩みを解決したのが、両替商。その中でも特に信用され、江戸にも支店を持っている両替商が為替手形の発行を任されるようになる。

S7 今の銀行みたいな仕事？

T：そうだね。違いは両替手数料を取ったこと。現在の外国貨幣の両替と同じだね。

S8 大商人でないとできない仕事だね。手数料でもうけた金で次の金もうけをする。

S9 大名貸しというのが教科書にある。

T：両替商をやる前に大名相手に行った金もうけに呉服商といって絹の反物を大名家に訪問販売し、秋の年貢米で代金をもらう掛売りをしていたよ。

S10 絹の着物が買えない人はどうしていたの？

T：買えない人の方が圧倒的に多いね。賢い商人は農家を使い綿花を栽培し、糸や布に加工したよ。

S11 町人は反物で木綿を買って自分で縫ったの？

T：必要な分だけの布地を売り、裏ですぐ仕立てるが、現金売りに限定した新商法で三井越後屋が大もうけしているよ。

４ 淀屋の五代目辰五郎の蓄財と全財産没収

　フォーカスの文章をもとに大名をしのぐ贅沢ぶりを美術部生徒との協同で描いたのが右の想像図。文章にない部分を調べながらの作業は新鮮である。

T：淀屋の夏座敷を見て気づいたことを答えて。

S1 天井の水槽に金魚が泳いでいる。

S2 冷気が降りてクーラーだね。寝そべってカステラやスイカを食べているのかな。

S3 千両箱がうなっている。壁もキンキラキンだ。

T：一番もうかった商売は何か教科書で確認しよう。

T：淀屋はもうけを全て自分の財産にできたのはなぜか。今はもうけ全てを自分のものにはできないね。

S4 金持ちやもうかっている会社は税金を払う義務がある。じゃあ、払わなかった？なぜ。

T：もうかっている商人から税に当たるものをとったのは後に出てくる田沼意次くらいだね。でも失脚する。貿易収入は幕府だけだったね。

S5 農民からの年貢米だけか。幕府に参勤交代とか無駄使いをさせられた大名は借金も増えるね。

T：いいところに目を付けたね。淀屋が五代目で幕府に全財産を没収されたのはなぜか、淀屋のぜいたく禁止以外に幕府のねらいは何か考えてみよう。淀屋が取りつぶされるとうれしいのは誰かな。

５ 流行をリードする町人文化

　元禄文化は町人が流行（文化）の消費と創出もして、産業に結びついている。現代の生活にある娯楽と置き換えてイメージすると生徒には実感がわく。

①歌舞伎⇒有名歌手・スターのコンサート。
＊当時の歌舞伎観劇を絵本（『夢の江戸歌舞伎』服部幸雄）で拡大しながら比較する。流行した例として歌舞伎模様や役者絵の存在にふれる。

②人形浄瑠璃⇒運命や立場にしばられる韓国ドラマ。
＊近松門左衛門が人気を得た脚本名を調べる。

③『日本永代蔵』⇒経済小説のベストセラー。
＊著者の井原西鶴の出身地や町人が何を大切にしていたかを調べる。

赤紙一枚で戦場へ

──── 鳥塚 義和 ────

第9章（10）「赤紙が来た─戦時下の国民生活─」（教科書 pp.232～233）

1 切実に受けとめる

　十五年戦争の学習では、生徒が過去の戦争を「ひとごと」ではなく、「自分にも関わりのあること」として切実にうけとめられるようにしたい。

　召集令状を受けとる、中国戦線で上官に捕虜を突くよう命令される、こうした場面に立ち合わせる。自分だったらどうするか、当時の人はどうしたのだろうかと考える。過去の事実は他人事ではなくなってくる。「加害者になるところまで苦しめられ追いつめられた被害者」（黒羽清隆）の姿が浮かび上がってくる。そして、民衆の苦しみの原因を追求していくと、社会の「しくみ」が見えてくる。

　そのためには、実物教材や体験記、現地をフィールドワークして撮影した写真などを使い、民衆の戦争体験をリアルに再現し、それを追体験させ、民衆の歓び、哀しみ、悩み、苦しみなどの心情や生活実感を内側から理解させていきたい。

2 「赤紙」の完全復刻

　「赤紙が来た─戦時下の国民生活」の授業をするとき、カギを握るのは、導入でなるべく本物に近い赤紙の実物教材を用意し、生徒一人ひとりに配ることだ。

　これまでにも平和委員会や教科研授業づくり部会などが「赤紙」の複製をつくっているが、いずれも「受領證」の部分が欠けていて完全版ではない。村役場の兵事係が応召者のところに赤紙を届けたときに、本人が受領年月日時を記入して捺印し、「受領證」の部分を切りとって渡し、兵事係はそれを持ち帰ることになっていた。だから、授業では完全版を生徒に手渡すべきだ。

　黒田俊雄編『村と戦争 兵事係の証言』（桂書房、1988年）は、貴重な徴兵関係文書を残した、富山県東砺波郡庄下村の元兵事係出分氏の証言をまとめたものであり、その付録の赤紙には、昭和16年7月10日付の「受領證」の部分もついている。これをもとにして、完全復刻版の赤紙をつくった。

3 赤紙を読みとる

　授業は、いきなり赤紙を生徒一人ひとりに配布することから始める。時間をとって、赤紙をじっくり読みとらせる。（以下、教員の発言を『』、生徒の発言を「」で記す）。

　『これは何か』「赤紙」「召集令状」。『何でもいいから、これどういうことって疑問に思うこと、わからないこと、知りたいことを一人3つ書き出してください。時間は10分』

　この間、教員は生徒の間を回って、典型的な疑問を書いている生徒をチェックしておく。後でその生徒を順に指名して、質問を出させる。「なぜ赤いのか」『いい質問だね。誰かこうだと思う人いる』と生徒に投げ返す。「他のものと違って大事なものだと強調する」「赤は気持ちを高ぶらせる。闘牛の布は赤」「これから血を流す。血の赤だ」などの意見が出る。『なぜ召集令状が赤になったかは、実は歴史学者も突き止めていない謎なんだ。日露戦争の頃の手紙に「赤紙」と出ているので、もうそのころには赤紙だったようです』。「受けとったのは誰か」『誰かわかる人いる』「根尾忠さん」。こうした生徒との問答で、次のような事実を確認していく。

・根尾さんの住所は富山県東砺波郡庄下村。
・召集令状は郵送ではなく、役場の職員（兵事係）が直接根尾さんの家に届けた。昭和16年7月10日の午前4時45分。

・根尾さんは「受領證」に、日付と時間を記入し、捺印した。点線で切り取り、兵事係に渡した。

・戦死者も増えて「充員」として予定した動員計画では足りないので「臨時」に徴兵した。

・「昭九年兵」とあり、1934年に20歳で徴兵検査を受けたので、赤紙を受けとったときは、27歳。

・「予備役」とは、20歳で入隊して現役の兵士として2年間の務めを終えた後、村に帰って普通の生活に戻っている人であり、「山砲兵」は兵の仕事の種類、「上等兵」は階級をあらわす。

　「受けとった人はどうしなければならないのか」「軍隊に入らなければいけない」。『いつ、どこの部隊に入れ

と書いてあるの』。「7月18日。金沢市の東部第52部隊」。『金沢までは列車で行く。「乗車区間出町—金沢3等」と書いてあるね。左側の部分は切符のかわりになる。部隊に着いたら赤紙は提出する。本人が保存しておくものではないから、残らないのだ』

　最後に、次の疑問を出させる。「行かなかったらどうなるのか」「断ることはできるのか」。『実はそういう場合のことは赤紙の裏面（下の写真参照）に書いてあるんだ。見つけなさい』。該当箇所を確認し、1時間目を終える。

4 実物教材の持つ力

　ホンモノ（実物教材）は、学習者（生徒）をひきつける力を持っている。五感を使って認識・観察できるから入りやすく、文字だけの資料と違って学力差にあまり関係なく誰でもとりくむことができる。また、ホンモノだからこそ、そこにたくさんの情報が含まれており、生徒は、自分の生活経験と結びつけて、そこから情報を引き出そうとする。このようにして、実物教材は疑問・共感などを引きだし、生徒の思考をゆさぶる。

　その後の授業では徹底して生徒が一兵士の身に寄りそって追体験するように、次のような教材・発問で構成して展開していく。

・君は赤紙を受けとった。今の気持ちを三択で選ぶ。a．喜んでいく　b．やむをえない　c．いやでたまらない。当時の若者の受け止め方と比較する（吉見義明『草の根のファシズム』東京大学出版会、1987年、p.14）。

・徴兵忌避の例として、三國連太郎さんの体験を紹介する。

・中国華北の戦場へ。新兵の「度胸試し」の場面。後ろ手に縛られた農民の前に立たされ、銃剣を構えさせられる。上官の「突け！」という命令。君ならどうするか。a．すすんでやる　b．いやいやながらやる　c．拒否する。

　教科書に載っている森田忠信はどうしたか。小沢真人・ＮＨＫ取材班編『赤紙—男たちはこうして戦場へ送られた』（創元社、1997年）のp.258に記されている。

『授業ブックレット』刊行に寄せて

「あるページを見ていたら、次のページもめくってみたくなる。つづきを読んでみたくなる。そこで何か感じるものに出会う。問いや疑問がわいてくる」

このような教科書、すなわち「問いを生み出す歴史教科書」を作れないだろうか。私たちはずっと考え続けてきた。そしてできたのが『ともに学ぶ人間の歴史』だ。

今、5300人の中学生たちがこの教科書で学んでいる。市民も各地で、この教科書を使って学び直しを始めている。

『龍谷大青春俳句大賞』の第3回や第5回を開くと、若者たちの歴史を詠む句にいくつも出会う。

卑弥呼にも私にも吹く青嵐（浦田雅子）

椅子一つ足らぬ机や沖縄忌（照屋太司）

大航海時代の航路石榴喰ふ（渡邊康治）

彼らは人間の歴史を実感として捉えている。きっと暗記中心の歴史学習から、自ら問いを持ち歴史と対面し、歴史を学ぶ楽しさと面白さを味わったことだろう。

一方、「学校でどんな授業をしているの?」「近現

多様な授業の可能性を広げる
『ともに学ぶ人間の歴史』

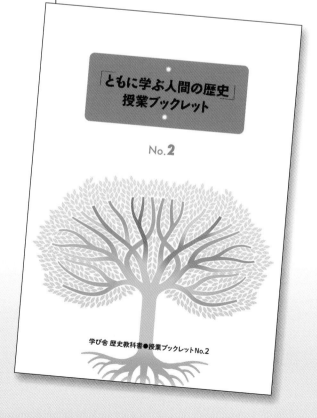

代史をどんなふうに教えているの?」という質問が市民から出された。先生からも、「学び舎歴史教科書で、他の先生はどんな授業をしているの?」「教科書を授業でどんなふうに扱っているのかを知りたい」「生徒たちが食いつく授業をするのに、どんな工夫してるの?」という声も寄せられている。

このような声に応え、授業実践の交流の場として『授業ブックレット』を企画した。

授業には同じパターンはないが、ブックレットで紹介する実践者たちは、学び舎教科書の図版や文章を重要な切り口にした授業づくりに取り組んでいる。そこから生徒が自らの問いを持つ。そして読みすすめる。もっと知りたいことを自分で調べる。

授業で獲得した歴史認識は、その人の価値観を構築する土台となるはずだ。授業を通して、歴史を体感し、考察し、その知恵を未来に活かそうとする若者・市民が増えていけばうれしい。

『授業ブックレット』が、多様な実践や授業に役立つ研究を載せ、教室と地域、先生と若者・市民との交流の場となるようにと願っている。

（2018年6月）

授業ブックレット

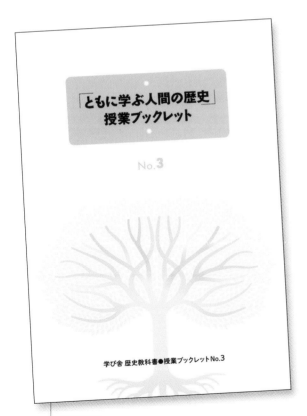

生徒からの「問い」と教師からの「問い」

『ともに学ぶ人間の歴史』のコンセプトの1つは「問いが生まれる教科書」。「問い」をめぐり、No.2 の「教科書を "読む" 力を鍛える」に1つの試みがある。

教科書を読み「ヘンダナ探し」を切り口に、生徒の問いを引き出す。生徒が問いを見つけ出すことが大事。「自ら考えていく力＝教科書を『読む』力を鍛えていくことができれば、それが世界・社会を『読む』力にもつながっていく」と執筆者は語っている。

教師から投げかけられた「問い」もたくさんある。
・東学農民達は殲滅されてしまったが、どう思うか。

・打ちこわしは正義か?
・集団疎開は子どもたちの命をまもったか。

教室でのその後の展開は、ブックレットに載っている。教室での教師の言葉・生徒の言葉、提示される資料・図版など、授業をイメージできるよう、できるだけ具体的に記述した。2018 年に No.1 を発行してから、2019 年末までで 6 冊となる。下の欄にこれまでのテーマを載せた。教科書とともにブックレットも読んでいただけることを願っている。

（学び舎ブックレット担当　千葉・楢崎・不破）

『ともに学ぶ人間の歴史』 授業ブックレット

学び舎 歴史教科書●授業ブックレットNo.5

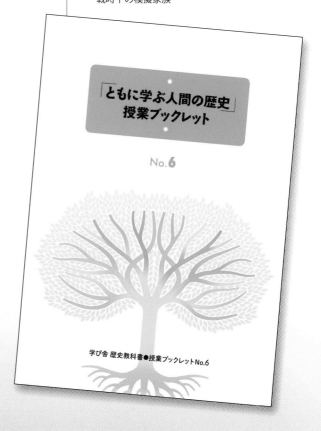

学び舎 歴史教科書●授業ブックレットNo.6

●購入をご希望の方は学び舎に直接ご注文ください
〈学び舎注文販売〉 1 冊から承ります　定価／ 700 円十税
　送料／全国一律 100 円・3 冊以上は送料無料　代金支払方法／後払 郵便振替用紙をお送りします。
E-mail:manabisha-ek @ cap.ocn.ne.jp　FAX：042-512-5961　〈お問い合せ〉学び舎 TEL：042-512-5960

時代を生き、歴史を支えた人びとと出会う

■ 歴史上の人物

指導的な人物だけでなく、さまざまな分野・階層の人びとの生活や社会的な業績を叙述しました。子どもも多く登場し、生徒の共感を呼び起こせるようにしました。

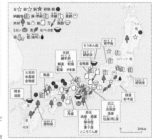

（10）職人歌合の世界 —産業の発展と惣村—

「職人歌合」から人びとの声が聞こえてくる。このころ都市や村はどのように変わっていったか。

帯をつくる女性、油を売る商人の姿から、社会の基底を成していた座や惣村の活力に迫ります。

■ 帯と扇のネットワーク

■ 銭が行き交い、栄える京都

■ 自治の村々——惣村

—油商人、国々を行く—

（2）綿花と底ぬけタンゴ —産業の発展—

底ぬけタンゴにはどんな工夫があるか。それで栽培された綿花（木綿）は、暮らしをどう変えたか。

綿花をつくる百姓が工夫した独特の桶。綿化は村を変え、社会を変えていきました。

■ 穴のあいた桶

■ 綿花は村を変える

■ 木綿と人びとの生活

—新田開発と新しい農具—

主権者として現代の課題に向き合う

■ 充実した現代史を公民学習につなげる

10章「現代の日本と世界」に15テーマをあてました。歴史を今日の課題と結びつけ、よりよい社会の実現に向けて考えられるようにしました。

[1]第五福竜丸の被ばくを伝える新聞（読売新聞）(1954年3月16日)

[2]映画「ゴジラ」のポスター（6作品年度）(1954©TOHO CO.,LTD.)

[3]原爆の子の像(広島平和記念公園)

[4]原子力平和利用博覧会（1956年 広島）／全国を巡回した。広島では平和記念資料館が会場になった。(中国新聞社提供)

突然、原爆症を発症した佐々木禎子（12歳）の願いに寄りそって、戦後の世界を見つめます。

（6）ゴジラの怒り、サダコの願い ──原水禁運動──

映画「ゴジラ」が大ヒットしたのはなぜか。人びとは原水爆と原子力発電をどう考えていたのか。

アメリカとソ連の原子力開発競争
1945年 アメリカが広島・長崎に原爆投下
1946年 アメリカがビキニ環礁で原爆実験
1949年 ソ連が原爆実験
1952年 アメリカが水爆実験
1953年 ソ連が水爆実験
1954年 ソ連が実用的な原子力発電所を運転する
1957年 アメリカが商業用の原子力発電所を運転する

ビキニ環礁での水爆実験
実験場から240kmにあるロンゲラップ島の住民が被ばくし、ほかの島への移住をアメリカに強制された。

原爆を許すまじ
浅田石二作詞　木下航二作曲
ふるさとの訪びらの
みよりの幸うむも
今はむなしく荒土に
あめ降りすぎ涙雨を
三度許すまじ原爆を
われらの町に

佐々木禎子もこの歌をよく口ずさんだという。

■ 死の灰をあびた第五福竜丸

太平洋のビキニ環礁から北東150kmの海で、第五福竜丸はマグロ漁をしていました。1954年3月1日早朝、水平線上にせん光が走り、ごう音がとどろきました。やがて灰色の雲が空をおおい、船の甲板には、白い灰が降り積もって、乾いたあとがつきました。

乗組員は目や頭の痛み、吐き気を訴えました。皮膚に水ぶくれができ、髪の毛が抜ける人もでました。14日に焼津（静岡県）に帰り着いて、乗組員23人はすぐ入院し、急性放射線症と診断されました。

この水爆の破壊力は、広島型原爆の1000倍もあり、4500km離れた日本でも、放射能を帯びた雨が降りました。乗組員の久保山愛吉が、「原水爆の被害者は私を最後にしてほしい」という言葉をのこして、9月に死亡しました。

11月には、映画『ゴジラ』が公開されました。水爆実験ですみかを破壊された怪獣ゴジラが、東京を襲うという話です。

■ 原爆を許すまじ

5月に東京都杉並区の主婦たちが、原水爆禁止署名運動を始めました。運動は「原爆を許すまじ」の歌声とともに全国に広まり、署名数は3200万人を超えました。1955年8月、広島市で原水爆禁止世界大会が開かれ、

連合国軍の占領下では、被爆者は被害の実態や苦しみを発表することが禁じられ、病気や生活を援護する対策も行われませんでした。

被爆後10年が過ぎると、白血病を発症する被爆者が増えました。12歳の佐々木禎子は、病気をなおす願いをこめて、病院で千羽鶴を折り続けましたが、1955年10月に死去しました。同級生たちは、原爆で亡くなった子どもの記念像を建てようとよびかけました。全国の学校で賛同する声が広がり、3年後に「原爆の子の像」が建てられました。

■ 原子力の夢を追う

アメリカもソ連も、「核兵器の力で脅威をあたえ、相手に攻撃を思いとどまらせる」と主張して、核兵器の開発と実験をくり返しました。核戦争が起こるのではないかという、不安と恐怖が世界に広がりました。

そこで、アメリカの大統領は、原子力は平和利用できると国連で演説し、平和利用を推進する国際機関がつくられました。日本でも、アメリカの働きかけによって、1955年から原子力平和利用博覧会が各地で開かれ、この年、原子力基本法が制定されました。原子力発電の危険性は、国民には伝えられませんでした。アメリカは、西側の陣営の国には、原子力発電の技術と核燃料を提供しました。

日本では、1963年に実験用の原子力で初めて発電が行われ、『鉄腕アトム』のテレビ放映が始まりました。1970年、敦賀原子力発電所（福井県）からの電気で、大阪万国博覧会の開会式の灯りがともされました。

[5]国連軍縮会議に出席した高校生たち／外務省ユース非核特使としてスピーチを行った。(2016年 スイス・ジュネーブ)(平和記念センター提供)

─ 微力だけど無力じゃない ── 被爆者の心を世界に伝える高校生 ─

1998年のインド・パキスタン核実験がきっかけとなり、長崎では、高校生平和大使を国連へ派遣することにした。その後、高校生自らが、核兵器廃絶をめざす「高校生1万人署名活動」を始め、各地の若者へ広がった。韓国では、在韓被爆者や被爆2世・3世、現地の高校生たちとともに、原爆写真展を開催し署名を集めている。「ミサイルよりもえんぴつを！」を合言葉に、アジアの子どもたちへ文具を贈り、フィリピンの高校生との平和交流を始めた。

各地で集めた署名は、毎年、高校生年和大使が国際連合事務局に届けている。これらの継続した活動が認められ、2018年、ノーベル平和賞候補として推薦されることになった。高校生たちは、「微力だけど無力じゃない」を胸に、核兵器廃絶と平和な世界の実現をめざし、未来を築く活動を続けている。

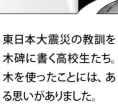

東日本大震災の教訓を木碑に書く高校生たち。木を使ったことには、ある思いがありました。

（14）3月11日 午後2時46分 ──大震災とグローバル化──

大震災をどのように経験していくのか、この経験で人びとの暮らしはどのように変わったのか。

■ 石碑から木碑へ

岩手県大槌町には、「大きな地震が来たら戻らず高台へ」と書きこまれた木碑（木杭）があります。2011年3月11日、午後2時46分。三陸沖でマグニチュード9.0の大地震が起きました。最大震度7の揺れと国内観測史上最大の津波により、東北・関東地方を中心に広い範囲で被害が出ました（東日本大震災）。この町でも震災で1200人余りが犠牲になりました。

町には、昭和三陸津波（1933年）の教訓が刻まれた石碑がたくさんありました。しかし、2011年の震災当時中学生だった少年が高校生になったときに、木碑を建てることを思いつきました。少年は住民と話し合い、あえて朽ちる木を使い、建て替えるたびに震災を思い出してもらおうと、4年に1度の建て替えをすることにしました。

■ 変わりゆく被災地の風景

この大地震は、福島県の沿岸部も襲いました。双葉町と大熊町にまたがる東京電力福島第一原子力発電所では、高さ14mの津波が防潮を乗り越え、敷地内に大量の海水が流れ込みました。すべての電源が失われ原子炉の冷却ができなくなったため、燃料棒が2800℃以上になって溶け落ち（メルトダウン）、建屋で水素爆発も起こりました。放出され吹き上げられた放射性物質が飛び散り、陸地も海も汚染しました。廃炉に向けた作業は続いていますが、困難をきわめています。

福島原発の事故の影響で、福島県の11市町村の8万人以上の住民は、政府の指示により、着の身着のままで避難しました。政府の指示のない地域から自主的に避難した人びとも多くいます。その後、徐々に避難指示が解除されて、避難先で家を借りたりして、生活の拠点が避難先に移っている家庭が増えました。そのために、故郷に戻る人が少なくなる

ので、もとの地域の暮らしをとり戻すのは難しくなります。被災地では、今も復興に向けた取り組みが続いていますが、震災前と異なる新しい風景が現れています。

■ モノづくりへの影響

東北地方には、自動車部品や半導体などの電子部品の開発・生産を行う中小企業が集まっていました。大震災によって、これらの企業の多くは被災し、部品の供給ができなくなってしまいました。

自動車は3万点、薄型テレビは1万点ともいわれる部品からつくられ、その一部の部品が欠けるだけで生産に大きな影響が出ます。このため、自動車など多くのメーカーは、被災していない地域でも、必要な部品がないために製造が滞り、減産・停止に追い込まれました。また、海外の製造業にも影響がおよびました。

輸出企業は、国際競争で生き残るために、部品を安価に生産できる地域でつくらせ、それらをもちよって完成品を組み立てるという方式で、費用の削減に励んでいます。しかし、もし1つの部品の供給ができなくなると、関連する多くの工場で生産が止まる可能性があります。今回の大震災では、グローバル化時代の経済のしくみや課題が明らかになりました。

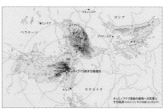

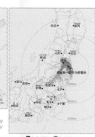

[2]チェルノブイリ原発事故による放射能汚染地図（1996年）／ソ連のチェルノブイリ原子力発電所（現ウクライナ）の原子炉が爆発し、爆発が広がった。セシウム137による地上汚染(ci/km²≒31km²当たりのキュリーと読む)。

③福島第一原子力発電所からもれた放射線量の広がり(2011年12月9日)／(2011年3月に広島に落ちた放射性物質が、そのまま地域で保存されている場所の放射線量(μSv/h はマイクロシーベルト毎時と読む)。

東日本大震災による世界の製造業への影響
・フォード（米）：全国の不足で車体が黒、赤の車体の販売を中断
・ゼネラル・モーターズ（米）：部品不足でトラックの生産を一時停止
・ルノーサムスン自動車（韓国）：部品不足から減産
・日馬自動車メーカーの中国工場：部品調達が滞り減産

グローバル化
輸送・通信などの発達や国際的なルールによって、人（労働力）・モノ（商品・カネ（資金）・情報などが国境を越えて行き来するようになっていくこと。

─ 世界の原発 ─

福島の原子力発電所の事故を受け、エネルギー政策の見直しが行われた。ドイツやオーストリア、イタリア、ベルギー、スイスでは、国内のすべての原発の廃止が進められ、2017年には、台湾がアジアで初めて廃止を決めた。これに対して、フランスやイギリス、アメリカは原発に依存する立場を変えていない。中国やインドなどでは、経済成長にともなう電力不足に直面し、原発の建設がすすめられている。日本では、原発を訴えるデモも行われたが、2014年に政府は、原発を発電コストが安く安定に営む安定供給できる電源の一つとして位置づけ、再稼働の方針を決定した。

第3章
市民が支え、学ぶ
『ともに学ぶ人間の歴史』

● 市民の中から
「歴史の学び直し」が始まった！

● 市民の力に支えられ育てられた
『ともに学ぶ人間の歴史』

歴史たんけん隊スタート！

2015 年中学校の教科書採択にあたり、有志で江東区の教科書センターに行った時のことである。

庶民、女性、子どもへの目線で、その時代の人々のリアルな息づかいが感じられる豊富な写真や絵に引き込まれた。また、世界各地での戦争の実態について、他の教科書よりもページを割いて丁寧に記述されていて納得した。

「おもしろそう！この教科書で改めて歴史を学びたい。」と思った。運よく市民活動仲間の方に、元小学校教員のN先生を紹介していただくことができた。さっそく、市民の自主サークルとして公民館登録をし、「歴史たんけん隊」がスタートした。

市内 7 つの公民館にチラシをおき参加者を募った。毎月、第二水曜日午後 1 時から 4 時までの 3 時間。参加費はワンコイン「500 円」。そこから、会場費、チラシ、資料の印刷代などをまかなっている。

市民の中から「歴史の学び直し」が始まった！

「こんな魅力的な教科書があった！！」
学び舎の歴史教科書に出会い、驚きと感動を覚えた

大人の学びあい

●浦安歴史たんけん隊（千葉県）

中村礼子　川端益恵

楽しくて味わい深い 人間の歴史学習

学校では学べなかった近現代史から学びたいということで、まずは江戸時代後半からスタートした。

「寺子屋のこどもたち」では、女師匠のもと、さまざまな年齢の男女が、ふざけたりしながらも自由に学ぶ絵から、感想等をそれぞれ出し合った。今の子ども達と通じるような、庶民のイキイキとした息づかいを肌で感じられる楽しい学習であった。

このように、先生の授業は講義中心でなく、絵や写真や資料を映像で見せながら進める。発見したこと、考えたこと、疑問、つぶやきなど、参加者の声を広げ、話し合いながら深めていくスタイルである。

自分たちの生活とからませながらの発言も楽しい。考え方の違いは、押し付けない。肩ひじ張らず自由に言い合い、「人間の歴史」のおもしろさ、深さを感じ取っていく授業である。

フィールドワークなども企画して好評だった。2 年間で近現代まで終わり、3 年目からは参加者の希望により、原始・古代史から始め、戦国時代に入っている。参加者は歴史好きなシルバーや、もう一度歴史を学び直したい人などで、当初の 10 名くらいから 30 名近くに増えている。

参加者の声（アンケートより）

・歴史を動かし、歴史に名を残した人物に焦点を当てた歴史講座が多い中で、庶民の暮らしに眼差しをむけた学習に魅力を感じた。

・授業が一方通行でなく、皆さんの問いかけが多く、「そう言えばこういうことがある。」「私はこう思う。」と、どんどん広がっていくところが面白い。

・先生が権威主義的でなく、受講者と共に楽しく学ぶという姿勢の方であり、またいかなる質問に対しても懇切丁寧である。

・深い内容、参加者の意見や感想が聞けることが有意義である。

市民が支え、学ぶ『ともに学ぶ人間の歴史』

こんなに歴史はおもしろい！

学び舎の「中学歴史教科書」を使って、日本の中世史を学ぼう

３月は、鎌倉時代の農民の訴え状の原文を読み解きました。

阿テ河荘（和歌山県）の荘園の農民が、地頭の横暴を荘園領主に訴えたものです。

「お前らが麦をまかないなら、妻子どもを追い込め、耳を切り、鼻をそぎ、髪を切って尼にしてしまうぞ」と地頭の家来に脅されたこと。先例のない数々の賦課や35人もの地頭代等への食事代や馬餌料などの強要。六波羅の裁判に訴えた百姓らに手ひどい暴力をふるったことなど13か条が書かれています。粗末な紙に書き、ほとんどがカタカナ文字です。当時は農民はカタカナだけで、漢字は貴族や武士の特権でした。地頭にたいして激しく抵抗し、指導者を中心にまとまり、村ぐるみで山にこもったり、逃散したりしたのです。

このような争いは朝廷や幕府もそれを当たり前のこととして裁判も認めていたそうです。

学び舎の教科書は、鎌倉時代の農民、商人、職人の生活や、抵抗などがとても丁寧に扱われています。他の教科書の３倍くらいページを割いています。

歴史学習は、政治・経済・文化の大きな流れや、歴史上の重要な人物のやったことが中心になり、圧倒的多くを占める農民、商人、職人などの庶民の様子などは軽く扱われがちです。

「人間の歴史を学ぶ」のですから、圧倒的多数の庶民がどのように働き、暮らしていたのかを知ること、それをリアルに感じとれることがとても大切だと思います。

学び舎の教科書では、庶民の様子にもしっかり視点を当て、当時の実際の絵図や文書を紹介し、それをもとに考えさせ、よりリアルに感じとれる工夫がされています。

このような教科書で中学生にも歴史を楽しく学んで欲しいと思いました。

４月は下記の学習です。

日時　４月１０日（水）　午後１時〜４時
会場　浦安市富岡公民館・第２会議室
　　　浦安市富岡３−１−７
　　　　（京葉線新浦安駅より徒歩１０分）
学習内容
　第３章　武士の世

　　（９）悪党の世の中・・・南北朝の内乱と室町幕府

　　（10）境界に生きる人々・・・14世紀の東アジア

講師
参加費　５００円　（会場費、資料代、その他）

＜連絡先＞　サークル・歴史たんけん隊

浦安歴史たんけん隊のチラシ

教科書展示会での出会いをきっかけに、私達、新日本婦人の会西宮支部では、2016年3月から、「目からウロコの歴史教科書カフェ」を始めた。月1回、お茶とお菓子が出るリラックスした雰囲気の中で、学び舎の『ともに学ぶ人間の歴史』を使って、他社の教科書と比べ読みをしながら、近・現代史の学び直しをしている。

西宮の多くの市民や子どもたちに、この教科書の存在を知ってほしいとねがい、会員を中心に、現場の先生達と小・中・高・大学・市民向けに、毎回1000枚ほどチラシを配り参加を呼びかけている。

2020年3月現在で、31回になった。9人で始めたが、常時、参加は二ケタ以上で、最高は29人である。案内チラシの裏に、前回の例会の様子を載せて流れをつかんでもらい、次回に参加しやすいようにしている。

一女性団体の主催ではあるが、男女比は半々である。教育関係と、そうでない人の比率も半々である。ゲスト・ティーチャーの人に来てもらう場合もあるが、講師の話を聞くという形ではなく、話の中に適時、参加してもらうという形にしている。もちろん、始めは、チューターが他社の教科書と比較し、論点を整理したプリントを配り、皆から感想・質問を聞いた後であるが。

市民の中から「歴史の学び直し」が始まった！

毎回が "目からウロコ"で 面白い教科書！

教科書展示会での出会いをきっかけに カフェは始まった

●西宮・目からウロコの歴史教科書カフェ（兵庫県）　小川　碧

阪神間の優位性を生かして
—台湾・中国・韓国の方から、話を聞く

　日清戦争の単元で、台湾の方を、日露戦争の単元で、中国の方を、韓国併合の単元で、韓国の方に来ていただいたら、違った観点からの意見が聞け

た。特に宝塚の韓国居留民団の方に来ていただいた時には、在日一世の方が日本に渡って来てからの、差別されながらの困難に満ちた人生の聞きとりやら、当時の日本の学校での差別的な教育の実態が出された。が、朝鮮に友好的な文化人が居た事も知り、「生きた歴史」を学べる例会となった。

参加している皆さんの感想

　代表的なものを列挙すると ---
〈分かりやすく面白い〉
・写真や資料が多く、カラフルで分かりやすい。
〈歴史を動かすのは民衆だという視点がある〉
・私が、かつて学んだのは「国家権力から見た歴史」みたいだ。
〈日本の戦争についてもきちんと教えている〉
・台湾は日本初の植民地。でもすんなり併合されたのではなく、反対した多くの犠牲者があったとは。

〈西宮・兵庫など地元のことがよく分かる〉
・幕末の打ちこわしは、西宮の女性が先頭を切ったとは初めて知った。
〈「学び舎」と他社版の比較について〉
・国どうしが仲良く対等につき合えるようになるには、歴史を正しく知ることが大事なんだと思う。

「目からウロコの歴史教科書カフェ」のチラシ

カフェの今後の課題

● 中学生自身・中学生の保護者にも広めたい。
● 中学生なら、どこから興味を持つかと考えたい。

「学ぶ会」の発足

2017年9月頃、「クローズアップ現代」「朝日新聞」「東京新聞」などで話題になった本書を手に取って、私たちは、そのユニークさに感動した。

まず、目次のタイトル。「政治が売り切れた−江戸幕府の滅亡−」とある。売り切れたという表現が面白い。また、「昔一揆、今、演説会−自由民権運動−」とあって、心底から納得、興味をそそられる。見開き2ページごとのテーマも読みやすい。本文に太字がないのは重要

性判断の先入観を防ぐ狙いか？　また、珍しい写真、絵、資料、地図、注意書などが豊富に載っていて、多彩に歴史が語られている。

支部会員の中から、「明治維新（黒船来航）以降を、有志で読み合わせ学習をしよう」と提案があり、10余名が手を挙げ、2018年3月「近現代史を学ぶ会」発足となった。さらに、第1回目の直前に、Aさんが知り合いの元高校教員の方にお声をかけたところ、毎回助言者としてお越しいただけることになった。

本書を手に取って、そのユニークさに感動した

楽しく学びあう歴史サークル
●全日本年金者組合調布支部・近現代史を学ぶ会（東京都）

菊池 公子　　蔵野　武

進め方 ― 読む・考える・話し合う ―

見開き2ページごとに、全員で隅から隅まで輪読した後、感想・疑問などを出し合い、理解を深めてゆく。助言者が、出された感想・疑問・質問を有機的に連鎖させながら、問いかけを交えて解説する。毎回用意される補足のプリントも役立つ。

例会を重ねるうちに、読み合わせの際、図表・写真・絵・資料などについても、想像力を膨らませて、思いついたことを付け加えるようになった。後からの読み解きが一

層頭に入りやすくなった。

例えば、第8章（1）「日本と清が、朝鮮で−日清戦争−」では、日本軍は広島から朝鮮に侵攻後、遼東半島さらに山東半島を攻め、下関条約締結に至った。地図をよく観ると、その後、台湾に出兵しているではないか。なぜ？これは、台湾の人々の強い抵抗を鎮圧すべく、大軍を派遣したためだった。日本兵の戦病死者は朝鮮より台湾の方が圧倒的に多い（4倍）ことに驚いた。これまでの日清戦争観が覆った思いだ。

自主発表への意欲

歌好きのBさんから、第8章（4）「国語をつくる」に記載された「鉄道唱歌」の音階の話を契機に、自主研究的な発表があった。ファとシがない音階を「四・七抜き音階」といい、明治政府の役人がアメリカ留学中に、日本人の耳に合うことを発見したそうだ。たとえば、「蛍の光」（スコットランド民謡の旋律）、「赤とんぼ」などが

よく知られている。自主発表は、変化と刺激があって楽しかった。

その後、「満州事変のところでは、満蒙開拓青少年義勇軍と内原訓練所の話をしたい」や、「終戦前後の集団疎開、海外からの引き揚げ、を発表したい」「最近の日韓問題を掘り下げてみたい」等の発言があった。この会の学習意欲と発展に繋がるだろう。

広がり深まる歴史への関心

次第に参加者も増え、感想や意見交換も活発になってきた。学習中には10分ほどのティータイム、終了後は、有志での講師とのランチもある。これも人気だ。気楽に自由に語り合う中で、歴史への好奇心が刺激され、学

習意欲の向上や人間関係の醸成にもつながっていく。時には、自らある出来事のある場面に入り込むことによって、時代の内側が見えてくることもある。歴史の面白さ、歴史の主体たる人間の自覚が一段と増すことになりそうだ。

この学習会を立ち上げるにあたって、地域の方に呼びかけたところ、15名ほどの方がすぐに賛同してくれたことに驚いた。参加者の中には、幼少期に集団疎開や敗戦を経験した方も多く、その動機は、「歴史に興味があり勉強しなおしたい。」とか「今、起きている事象、例えば憲法問題、衰退していく労働運動、理不尽な日米地位協定などがどのような経過をたどって今に至るのかを明治以降、特に戦後の歴史から詳しく知りたい。」というものだった。そこで参加者の要望に合わせ、近現代史から勉強会を始めることにした。

この教科書の良いところは、物語のように読める事。人間が生きている証を綴っている事だと思う。現在アドバイザーとして3人の先生を迎え、教科書（本文、写真、図表）を読み合わせ、感想・疑問・意見交換をするという形で月1回のペースで行っている。また、学習会の内容のまとめを作成して、次回には配布することにしている。

歴史を学ぶにあたって大事にしたい3つの事

①ある事象について、なぜそれが起きたのか、だれが何の目的で起こしたのか。それが起きたことによってどう変わっていったのか。因果関係を考えよう。②書かれたことを鵜呑みにせず、真実かどうか検証しよう。③社会の構造を知ったうえで考えよう。これらのことを確認して勉強会を進めてきた。

第8章「帝国主義の時代」で日清・日露戦争から始まる日本の侵略戦争への道は起こるべくして起きたのだということも納得した。また、「明治天皇とロシア皇帝の開戦の勅語」（p.198）はどちらも「極東アジアの平和のため」という大義名分が記されており、戦争の理由はいつも身勝手だということ。そして侵略はその地域の文化（言語・生活習慣）を奪うこと。その地域の担い手（若者・労働力）を奪うことなどがはっきり認識できた。

市民の中から「歴史の学び直し」が始まった！

物語のように読める『歴史教科書』

大人も歴史を学びたい

●板橋区・大人の学び広場（東京都）

野口 恭子

作られた歴史を見ぬくこと

例会を続ける中で見えてきたこと。それは今まで何気なく知っていた事実は、情報操作の中で作られた歴史が多いということだった。

「天皇主権の憲法」（p.186）の学習では、「昔からの伝統」と思い込んでいた天皇制が、実は明治時代に明治政府が意図的に国民に浸透させていったということがわかってきた。

おりしも、マスコミは、天皇退位、新天皇即位、令和改元のニュースで持ちきり。そもそも戦後新しい憲法の下で規定された象徴天皇とは何だろうか？これからどうあるべきだろうか？という疑問がわいてきた。

そこで、6月の例会では、教科書から離れて「天皇制のこれまで・これから」という特別テーマで、広く参加を呼びかけ勉強会を行った。参加者23名が意見交流を行う中で、正しい情報を得て考えることの大切さを強く感じた。

参加者の感想

・日本と清の戦いだったのに、なぜ戦場が朝鮮だったのか、不思議。昔学校で東学党は「悪者」、日清戦争は正義の戦いだったと習ったのに…。

・「重要単語を暗記する」という歴史の勉強ではない学び方ができる。多くの子ども達がこういう教科書で勉強できると良いと思う。

・社会人対象の講座も多くあるが、この会は一方的な講義ではなく意見交流の中で毎回新しい発見があり楽しい。

近現代史を学びたい

「九条の会・草加」は2005年2月に結成し会員約750名をようする市民団体で、総会で選出された世話人を中心に運営している。月1回世話人会を持ち運営方針を話し合っている。世話人会の中で近現代史を学びたいという要望があり、2014年に歴史学習会担当を決め、学習会を開くことにした。

3名の学習会担当は、以下のような方針を決めた。①月1回第1金曜日に学習会を持つ。②テキストとして学び舎の中学歴史教科書を用いる。③指導者は置かず、参加者が順番に教科書を読み学んだことや疑問点を出し合い進める。④毎回進行係を兼ねた報告者を決める。⑤学習会の報告者を決め、次の会でまとめを印刷して配る。⑥参加費は1回につき100円とする。⑦学習会の計画は学習担当で作成する。⑧学習会参加の呼びかけは毎月発行の「九条新聞」に載せる。⑨参加者は会員に限定しないで幅広く呼びかける。

教科書の豊富な資料とリアルな記述により素朴な疑問が噴出する

みんなで知恵を出し合い 学びあった市民学習会

●九条の会草加・歴史学習会（埼玉県）春名 政弘

学習会のようす

参加者は当初は20人近くの参加であったが次第に減り10名前後を推移した。学習会は2014年11月から2017年5月まで足かけ4年計31回実施した。学習会は第7章の「明治維新」より始め第10章の最終節「大震災と原発事故」まで至ったところで18回を数えた（2016年4月）。

本来ならばここで学習会を終了するところであったが、近現代を学ぶには前近代の学習が必要との声があり、第Ⅱ期として第3章の最後の節「琉球王国」から始め第6章「江戸幕府の滅亡」までを学習し2018年5月まで続いた。

学習会の第Ⅰ期ではかなりの皆さんが自分で調べた資料を独自に印刷して紹介してくださった。先生を置かないという学習会の主旨が参加者の皆さんに理解されていると感じた。

学習会の具体的な様子を、第1回学習会を通してみてみる。進行係の指示でまず教科書を順番に読み感想や疑問点を出し合う。例えば、「村に学校ができた」では「グラフを見ると女子の就学率が低かった」という分析があり、意見として「図工は敵地の状況を図示できる能力に繋がる」「運動会の競技にも軍隊教育という面がある」など、学校教育の場ではあまり見られない指摘が見られた。市民目線の深い学び合いを感じた。

31回を振り返って─成果と課題

・誰かが教える場ではなく、参加者の疑問や教科書の記述や資料の読み取りから学習した。
・参加者が自主的に資料を作成し紹介した。
・参加者が多様な意見を出し合い、そこから学んだ。
・次第に、世話人以外の方も進行や報告者になった。
・参加者はシルバー層が多いが、若い参加者もいた。
・考えることの大切さを確認できた。正解はない場合もあるが、意見を出し合うことの大切さを学んだ。
・テキストの面白さに感動した。（今までの歴史教科書と違うリアルさがある。太字がない。）
・学習会が夜間のため、参加者が限定された。年配者は夜間の出席が難しい。
・1960年以降は参加者が体験を語ったが、戦中戦後の体験者の話を聴く場が持てなかった。

私はかつて中学校社会科を担当していた。歴史では、歴史的事実から歴史の流れを描こうとした。学習会の中では、教科書の豊富な資料とリアルな記述によって素朴な疑問が噴出する。中学生の視点と市民の視点は齟齬があり、市民の視点が歴史の本質と感じた。自分の中にある教師根性が否定され爽快であった。

市民のみなさまとともに歩む 学び舎歴史教科書

学ぶ会事務局 瀬戸口 信一

歴史教科書づくりのスタート

私たちは、子どもたちが楽しく歴史を学べる歴史教科書をつくろうとの思いで集まった教員(現・元)の集まりです。年号や人名、重要語句の暗記より子どもたちが問いをもち、自分の意見を言いたくなる。子ども同士で学び合いが始まる。「そんな歴史教科書を自分たちの手でつくりたい」と 2010 年夏「子どもと学ぶ歴史教科書の会」を起ちあげ、多くの市民のみなさまにも会員となっていただきました。月1回ともに学習会を開き、子どもの教育や歴史の学び方について自由な意見交換を積み重ねてきました。こうして、会のスタート時から私たちは市民のみなさま方とともに歩んでまいりました。

2015年4月6日 検定合格通知が…

私たちは、常に教室の子どもたちの顔を思い浮かべながら、子どもたちが生き生きと授業に取り組んだ授業実践を出し合って教科書づくりをすすめてきました。そして 2015 年4月6日、検定合格通知が届きました。私たちの手づくりの 「1冊の歴史の本」が文科省の認める「検定済歴史教科書」となったのです。

その半年後、38 の中学校で採択され、5200 人を超える子どもたちに、私たちの歴史教科書『ともに学ぶ人間の歴史』を届けることができました。

市民のみなさま方のご支援に支えられて…

教科書づくりを始めてから検定合格・採択までに必要な費用は、予測していた予算をはるかに超えて、数千万円がかかることなど当初は知る由もありませんでした。時に行き詰まりを感じながらも、常にこの教科書を応援していただく 1000 名を超える市民のみなさま方の物心両面のご支援に支えられてきました。

特に教科書サポーター(毎月の口座自動引き落としでの支援)のみなさま方には長年にわたって多額(年間 300万円、合計数千万円)のご支援をいただきました。教科書づくりの一番困難な時期に、教科書サポーターのみなさま方によるご支援をいただいたことは、学び舎教科書づくりの歴史に刻まれると思います。

2020年3月、2回目の検定に合格!!

1回目の検定を終えたと同時に、私たちは、採択された 5200 冊の教科書を全国の子どもたちに毎年確実に届けるという大きな社会的責任を果たさねばなりませんでした。

また資金不足で困難は目に見えていましたが、みなさま方のご支援を受けながら再度検定申請をすることを決断しました。その結果、2020 年3月、2回目の検定合格をすることができました。

「一般社団法人学ぶ会」としてこれからも

このように多くの市民のみなさま方からのご支援を得たことは、私たちにとって特別な意味があると実感しています。20 数名の教員たちが志を持って始めた「子どものための教科書づくり」の事業が、ついに日本社会の中で「市民権の獲得」という地点に立つことが出来たという意味です。

2回目の検定合格を得た今、私たち「学ぶ会」は、法人の資格を得て「一般社団法人子どもと学ぶ歴史教科書の会(略称「学ぶ会」)」を設立しました。この学び舎歴史教科書を手に取っていただいたみなさまにもぜひ、新たに発足した「一般社団法人学ぶ会」に入会していただき、歴史教科書づくりの仲間になっていただければ、こんなにうれしいことはありません。みなさま方のご入会を心からお待ちしております。

「一般社団法人学ぶ会」会員大募集中です。

メールで、「入会用パンフ」をお取り寄せいただき、「入会申し込み用紙」に記入し、郵送してくださるようお願いします。

「学ぶ会」TOPページ

「学ぶ会」定款

「学ぶ会」規約

「学ぶ会」入会方法

民主主義を未来につなぐプロジェクト・よびかけ文

子どもたちが笑顔で学ぶ「学び舎」歴史教科書

　私たちは「子どものための歴史教科書」を作ろうと2010年から活動を始めました。2015年に検定合格し、現在38校5200名の子どもたちが私たちの「学び舎歴史教科書」で学んでいます。「これからもこの歴史教科書をつくり続け、多くの子どもたちの元に届けたい」「多くの方にこの歴史教科書の存在を知って、応援してほしい」このような思いを実現するために、クラウドファンディングを始めました。現在「この歴史教科書を継続的に発行したい」と、次回2020年の検定に向けて準備しています。しかし、教科書を完成させ、検定・採択まで進むには、4千万円以上の莫大な資金が必要となります。私たちは、これまで多くの市民の方々からカンパや教科書サポーターなどご支援をいただき、2千万円の資金を得ることが出来ました。採択まで、あと2千万円以上の資金がどうしても必要です。今回の「民主主義を未来につなぐプロジェクト」では、まず、そのうち図版やデザイン制作に当面必要な500万円を達成したいと思います。（そして可能な限り2000万円に近づけたいと思っています）7月の16日まで120日間私たちにご支援をください。その力で、2020年度文科省の検定を必ずクリアし、「楽しく歴史を学びたい！」と願っている日本中の子どもたちにこの改訂版「学び舎歴史教科書」を届けたいと思います。今回のクラウドファンディングの目的は、教科書制作資金を得るためだけではありません。日本の民主主義を子どもたちの未来につなぐために、より多くの市民の方々に学び舎歴史教科書の存在を知っていただき、子どもたちの未来づくりに加わってもらうことです。・・・（続く）

朝日新聞 Aポート記事

朝日新聞ハフポスト記事

クラウドファンディング中に寄せられた支援者の声

市民の声

＊「歴史を学ぶことは、長い年月の中でどんな遠い国、地域の人々ともつながり合って今現在があるということを確認し、どう未来につなげていくのかを考える人間にとって最も大切なことの一つです。この会の活動に敬意を表します」

＊「人はいつの時代も間違いを犯すもので 歴史から学ぶことは大きいと思います。 民主主義を未来につなぐ、素敵な教科書の出版を応援しています！尽力してくださっている方々に心から感謝します」

＊「何かしなければ、という気持ちで参加しました。本当に政治がどんどんおかしくなっています。小さな火でもかかげていきたいと思っています」

＊「真実を知り、守り活かすために、子どもたちに読んでもらいたい。 私たちができることはこれくらいしかないので…」

保護者の声

＊「教科書の出版にこんなにお金がかかるとは知りませんでした。ここまでプロジェクトを進めて来た方々に、感謝します！」

＊「現場の先生方がお作りになったという点、そして『なぜ』を重視している点に大きく期待しています。少しでも多くの学校で採択の輪が広がることを衷心からお祈りいたします」

＊「『勉強』ではなく『学習』できる教科書です。せめてわが子にと、以前買いましたが、親子で興味深く拝見しています。 有名な私立中学でも採用されていることに納得です。編纂された先生たちの民主的な教育への熱い思いが伝わってきます」

＊「子どもたちが自分の視点で考え選択できるための情報を提供するのが学校教育だと思います。特に昨今の情勢の中で歴史教育は根幹を担います。より多くの情報、様々な学説、考え方を盛り込んだ教科書が多くの子どもたちの手に渡りますように」

若者の声

「この教科書で学んでいたら、もっと歴史が好きになっていただろうな」

「私は 25 歳です。クラウドファンディングの文章を読んで感動しました。先生達が子どものために頑張っていることがよくわかりました。私の将来の子供が中学生になった時にこの教科書で学べるよう願っています」

先生の声

＊「近現代史を正確に知らない、教えない日本の教育界に刺激になります。採用校の増えることを念願しています」

＊「上手く使えば、欧米のような活発に意見をたたかわせる授業ができて、国際社会で活躍する人が育つのではないか」

＊「僕もこの教科書を使って授業をしたいです！」

＊「歴史に残る素晴らしい教科書です。心から応援しています」

＊「学び舎教科書には、歴史との真摯な対話が織り込まれています。その対話が子どもたちと共にあり続ける事を願います」

市民の力に支えられ育てられた『ともに学ぶ人間の歴史』

たくさんの市民のみなさま方のあたたかいご支援と励ましの言葉に支えられて、「学ぶ会」は、改訂版学び舎歴史教科書を完成し、2020年2回目の検定に合格することができました。

今回のクラウドファンディングで、500人を超える方々からおよそ1000万円を超えるご支援をいただきました！「学ぶ会教科書サポーター」「一時カンパ」などで支援をいただいた500名を超える市民のみなさまからのご支援と合わせると1000名を超えるみなさま方から4000万円を超える多大なご支援をいただいたことになります。お陰様でこのたび、改訂版学び舎歴史教科書は無事に完成し、2020年3月、2回目の検定合格を成し遂げました。これは、すべてみなさま方のご協力によるものです。心よりお礼を申し上げます。本当にありがとうございました。

46

和田哲子　西忠博　宮﨑充治　香川七海　安井さよ子　岸野美奈子　宮﨑亮太　志賀功

川口重雄　梅村坦　大谷尚子　高橋咲　境和彦　大谷悦久　木南孝洋　山本政俊　宮原武夫

松下一彦　中出律　宮根一彦　中嶋直子　Mieko　井出浩一郎　長谷部まりえ　武川珠

三重南島　吉森弘子　原田京子　中村紀子　綿引光友　矢野慎一　J.NISHIDA　湊眞理

武田恵　中野眞理子　　　　　　　　　　　　　　　　　　平井美津子　中妻雅彦

舟山良一　梅原利夫　　　　　　　　　　　　　　　　　　吉村憲二　照井秀子

ぞねちゃん　　　　　　　　　　　　　　　　　　　　　　齋藤一晴

伊東千恵　　　　　　　　　　　　　　　　　　　　　　　野崎朋子

子どもたちが笑顔で学ぶ姿を求めて　私たちは、学び舎歴史教科書を支援します

根津公子　　　　　　　　　　　　　　　　　　　　坪川宏子

矢沢宏之　田中雅子　　　　　　　　　　　　　　　吉田伸之　浅川保

近正美　広重和子　　　　　　　　　　　　　　　　塩原健一　安達洋子

持田早苗　東海林次男　岡原美知子　NKM芳賀法子　伊豆明夫　浅川和幸　髙橋顕子

福田三津夫・福田緑　吉川光　市川まり子　小渕章　増本明彦　尾﨑恭一　小川洋

原澤毅一　古家裕美　廣田房枝　大谷猛夫　佐藤高樹　岡本智周　神谷幸男　髙野一次

東英明　星野英一　中村涼弥　中尾忍　谷藤公平　IM　川辺寛子　古川久美子　鈴木伸男

蔵野武　福田和久　櫻井真理子　廣部啓子　マツイヒデキ　武田章　島田茂生　山岡明雄

吉井友二　広瀬信　竹内久顕　金子恵子　義江明子　西井紀代子　塚原真喜子　安部康弘

佐藤明彦　瀧川惠里子　佐藤桂子　丹羽雅代　新田榮　川口芳彦　鳥居美都子　可知亮

※掲載のお名前は、クラウドファンディングに応募していただいた500名を超える方の中で、ハガキでご返信いただきご了承をえた方を掲載しております。

第4章 歴史研究・教育研究の立場から

各時代を生きぬいた、名も知れぬ人々への共感を！

Miyataki Koji .... 宮瀧 交二

私の毎年4月の「日本文化史」の第1回目の授業のエピソードから御紹介したい。受講してくれた学生たちに、まず最初に、明治・大正・昭和に生きた人物の名前を挙げて下さいと尋ねると、夏目漱石、樋口一葉、野口英世などといった答えが返ってくる。次に、空欄にした系図を配り、両親、祖父母、曾祖父母の名前を記入してもらうと、4人いる祖父母の名前が全て書けない学生もいるし、8人いる曾祖父母の名前にいたっては、ほとんどの学生は空欄のままで、曾祖父母の名前を1人でも書ける学生はまれである。そこで私は、どうして、漱石や一葉のことを知っているのに、自分の身内のことを知らないのかと問いかけることから一年間の授業をスタートさせる。そして、3代前の曾祖父母は8名だが、10代前まで遡るとその数はなんと1024名になり、この1024名は、歴史の教科書には登場こそしないが、それぞれに立派な人生を送り、それぞれの時代を生き抜いたので、皆さんが今ここにいるのではないかと畳みかけると、学生たちの目の色が徐々に変わってくる。

名も知れぬ人々への共感

さて、『ともに学ぶ人間の歴史』の原始・古代(旧石器時代から古墳時代)に登場する特定の人物名は、わずかに卑弥呼とワカタケルだけである。こうした特定の人物名が登場しないと、何となく生徒たちはその時代に対するリアリティを持ちがたいのではないかと思われる。ところが、この教科書では、人物名こそ登場しないが、生徒たちが旧石器時代・縄文時代・弥生時代・古墳時代に暮らした人々の息吹を感じ、それぞれの時代を「他人事ではない歴史」として実感できるような装置が随所に配置されている。

厳しい自然環境の下でナウマンゾウなどのわずかな獲物を追いながら移動生活を続けざるをえなかった旧石器時代の人々、豊かだった自然に全面的に依存していたため、安定した生活と一歩間違うと死に至る厳しい局面が表裏一体であった縄文時代の人々、稲作の導入に伴うより豊かで安定した生活の追求から、時にはムラとムラとの戦闘をも余儀なくされた弥生時代の人々、そして火山噴火等の自然災害に見舞われながらも、安定した生活を追求するために、より広域な政治的・経済的な関係を築き、ついには国家形成への道を歩み始めた古墳時代の人々、こうした名も知れぬ人々への共感がこの教科書を用いた授業を通じて自然と生まれてくるであろう。

歴史を学ぶ目線

かつて夏目漱石は、長塚節の小説『土』に寄せた文章の中で、その登場人物たちを「蛆同様に憐れな百姓の生活」と評した。そこには、自分と同じ時代を生き、同じ空気を吸っている茨城の農民を同じ目線で見つめようとする姿勢はなく、彼らへの共感も存在しなかった。これに対してこの教科書で学ぶ生徒たちは、それぞれの時代を真剣に生き抜いた自分たちの祖先の姿を具体的に学び、かれらと同じ目線で社会・時代を考えることの大切さに気が付いてくれるのではないかと期待する。

またこのことは、この教科書が生徒に歴史を教える先生方の力量が問われる教科書であることも意味している。まずは先生方御自身が、各時代を象徴する特定の人物にフォーカスをあてるのみならず、その背景に存在した圧倒的大多数の人々の生き様(ざま)にも目を向け、彼らの息吹を感じて下さることを期待したい。

みやたき・こうじ／1961年生まれ。大東文化大学文学部教授。専攻は日本古代史・博物館学。主著に「村落と民衆」(『列島の古代史3　社会集団と政治組織』岩波書店、2005年)『歴史をよむ』(共編著、東京大学出版会、2004年)など。

世界大の歴史を背景にした具体的な日本中世の歴史像

Hotate Michihisa .... 保立 道久

中学校の歴史の教科書は、何よりもまず、中学生が自主的に読みたくなるようなものであってほしい。

「教科書風」から脱する試み

もちろん教科書は授業の後で記憶を整理するためにもあるのでバランスよい記述が必要である。ただ、そのため無味乾燥な記述になりがちである。文部科学省による「教科書検定」は学習指導要領にそって、さまざまな規則を作っているのでそれを促進しがちである。

また歴史の学界にも問題はある。ここ20年ほどの間に日本史の歴史像は面目を一新し、新しい研究によって分かりやすくなったことは多い。しかし、それを子どもに伝えるためには、時代や専門を異にする学者の間で、さらに議論して工夫を重ねなければならない。

そのためには、歴史の学者と小・中・高校の教師が熟議し、歴史学の新しい水準を大胆に取り入れて、歴史の授業の内容と順序編成をすべて組み立て直すことである。その議論の中で、教師が中心となって、教科書を執筆することである。

この教科書は、明らかにその第一歩である。こういう動きは教育行政も全面的に支援してほしい。

たとえば歴史地震を取り上げること

私は「中世」を専門にしているが、この教科書の相談にのって感心したのは、各単元が具体的な話題から入って、それをうまく時代の特色につなげていることである。

相談をうけて、私はとくに災害・飢饉などの自然環境史の話題を提供した。たとえば2011年の東北沖大地震と同じ規模・類型の地震であった869年の陸奥沖地震である。そのほかにも地震災害の記述はふやしてもらった。これは今の日本にとってどうしても必要であるのみでなく、通史を考える上でも重要だと思う。

また私個人としては、飢饉の死者を弔う意味をもつものとして、室町時代の盆踊歌の史料を提供できたのもうれしいことだった（78頁）。これまで応仁の乱は将軍や大名家の内紛で説明されていたが、この教科書では、それを藤木久志氏の学説にそって、飢えた民衆が京都に群集し、一揆が頻発する中で幕府が自己崩壊したと説明している。その荒れた世に響き渡る歌声を伝えることができたように思う。

第二に感心したのは、日本の歴史の流れが、世界大の歴史の動きのなかで説明されていることである。

たとえば、46頁からは、イスラム世界の勃興の影響が東アジアに及ぶ中で平安時代が始まったという記述になっている。また86頁からは、世界的な資本の蓄積の時代、スペイン・ポルトガルが地球を西・東から回ってきて、ちょうどその時、日本で大量の銀が産出され、そういう世界経済のなかで時代が動いたという見事な記述である。

未来の希望を語ることは、しばしばむなしい。実際には事実にもとづいて同じ過去を確認することによって、人間は未来に入っていき、希望をもつことができるのだと思う。歴史の教科書は、中学生たちにとって何よりもそういうものであってほしい。

今回の教科書は二回目で内容の精選も進み、いよいよ読みやすくなっている。中学生が読むだけでなく、多くの方に読んでいただいて、教師たちの新しい試みを励ましてほしいと思う。

ほたて・みちひさ／1948年生まれ。東京大学名誉教授。専攻は日本中世史。主著に『中世の国土高権と天皇・武家』(校倉書房、2015年)、『日本史学』(人文書院、2015年)など。

生徒の目線を大切にした画期的教科書

Ike Susumu .... 池　享

歴史教科書とは、最新の研究成果に基づき、歴史の展開を系統的に叙述する、通史的性格を持つものと、私は思っていた。そのため、「子どもと学ぶ歴史教科書の会」の構成案を初めて見たとき、正直なところ面食らった。項目の順番がバラバラで、これでは生徒たちが戸惑うのではないかと思ったからである。話し合いに参加する中で、何より生徒の関心を引きつけなければ、どんなに立派な内容も「馬の耳に念仏」になってしまうことが、だんだん分かってきた。

そういう目で見ると、この本はなかなか良くできている。何より導入が具体的で、まず「どういうことなんだ」と思わせる「つかみ」になっている。それをきっかけに、背景が説明され、時代の特徴が浮き彫りにされる仕組みなのだ。

研究成果を盛り込んだ展開

それだけでなく、こうしたやり方を使って、研究成果をうまく盛り込んでいる。第4章「世界がつながる時代」は日本が世界と結ばれる時代を扱っているが、従来は、ヨーロッパ勢力のアジア進出への東アジア側の受け身の対応として、鎖国をはじめとする近世社会の成立が説明されていた。しかしこの本では、第3章で述べられた「前期」倭寇の活動→明王朝を中心とした東アジア秩序の成立・貿易の活発化という流れをうける形で、石見銀山の開発・「後期」倭寇の活躍→新しい東アジア秩序と鎖国制の成立が述べられ、一貫して東アジアに視点を置いた展開になっているのが特色である。ヨーロッパ勢力は、倭寇に導かれて活発な東アジア貿易に参入したという構図になっている。

教育現場との相互協力関係

その分だけ、「銀と戦国大名」に始まり、「町衆と信長」→「村に入ってきた秀吉」と続く国内のテーマでは、歴史の流れが上手く掴めないかも知れない。しかし、限られた紙幅の中で何でもできるものではなく、むしろ、思い切った冒険と評価したい。

そこで、現場で教える先生方の工夫が大切になると思う。まさに、「教科書を教える」ではなく、「教科書で教える」ということだろう。また、こうした現場での教育実践が、様々な形で教科書に反映されれば、いっそう充実した作品になると思う。そうした教科書執筆と教育現場の相互協力による発展の仕組みが、この教科書の作り方には込められているのである。

朝鮮侵略の負の遺産

さらに、付け加えておきたいことがある。本文にもあるように、豊臣秀吉の朝鮮侵略は、朝鮮・日本の民衆に大きな被害を与えた。また、豊臣政権が崩壊する引き金ともなった。

それだけでなく、日本の国際関係にも、大きな負の遺産を残した。何より、交戦国だった朝鮮・明が国交関係を拒否したことである。そのため、後継の徳川政権は大変な苦労をした。朝鮮とは、交渉に当った対馬の宗氏が、家康からの国書を偽造して使節を派遣してもらい、それを機に国交関係が成立した。この件は後にバレてしまうが（柳川一件）、朝鮮との国交関係を重視する幕府は、宗氏を不問に付した。明に対しては、国交樹立を認めてもらえず、直接の交易ができない状況(p102)が固定化した。このような立場に置かれた徳川政権は、中国を中心とする東アジア国際関係の正式メンバーになることができず、「四つの口」(p103)を通じた、独自の小国際秩序を作らざるを得なかったのである。

いけ・すすむ／1950年生まれ。一橋大学名誉教授。専攻は日本中世史。主著に『日本中世の歴史6　戦国大名と一揆』(吉川弘文館、2009年)『戦国期の地域社会と権力』(吉川弘文館、2010年)など。

近世は百姓と町人の世

Fujita Satoru ………………………………………………………………………… 藤田　覚

■今に続く近世の村と家

江戸時代の村や町は変化しながら、21世紀の今日まで存続している（以下、村で説明する）。その村とは、平成の大合併により急速にその数を減らした地方自治体ではなく、「区」あるいは「部落」などとよばれる古い住民のまとまりのことである。また、江戸時代以来の家もいまだに存在する。名主や庄屋など村役人を務めた家には、村と村民の歴史を語るたくさんの古文書が持ち伝えられた。村に江戸時代の古文書が残っていることは、村と村民が江戸時代以来ずっと続いてきたことの証である。村は、江戸時代を生きた百姓の生活と生産の小宇宙であった。

その村と家は、古代以来ずっとその地に存在したわけではない。近世史研究は、村や町の住民の手元に残った地方文書を使って発展してきた。古代や中世の在地社会や支配の研究には、寺社や貴族、大名など支配者の側に残された古文書を使う。これは、研究手法の違いではなく、古文書の残り方、とりもなおさず支配や社会の仕組みの差異である。

村に残った古文書は、近畿地方の一部を除くとおおむね17世紀以降のものである。それより以前の古文書を見いだせないのは、現代にまで続く村の多くが、17世紀以降にできあがったことを意味している。住民の多くが安定的に持続することにより村が続き、村が続くことにより住民も存続できるという相互関係にあった。村人は、助け合うとともに、時には抑圧的ともなる強い規制のもとに生活し、村を自治的に運営していた。このように村と家が永続できるようになったのは、日本社会の歴史のなかで特筆すべきことで、それを可能にする生産力の発展段階を獲得したからである。

■村の請負に頼る領主

近世の領主たちが全国を支配するために創り出した幕藩体制とよばれる近世国家は、その村に依存して成り立っていた。そのもっとも基本は村請制度で、領主が支配する村に年貢を賦課すると、村が請け負って指定された年貢を納める仕組みのことである。年貢の取り立てというもっとも重要なことが、村の請負によって行われていたのである。幕府や藩が出したさまざまな命令や触書も、村役人へ渡すとそこから村人に周知された。このような近世の村・村人と領主の関係を、この教科書は「武士のいない村」と的確に表現している。

そして、この請負は年貢にとどまらず、さまざまな局面にその姿をあらわす。幕府や藩は、各種の土木建築工事、いろいろな物品の調達や売却の多くを、民間の請負によって行っていた。しかもその多くは、指定された請負業者による請負か事業者が参加する入札制度により請け負われた。江戸時代の領主支配や行政は、村請制度に代表される民間の請負に依存していたといえる。つまり、発達した村や町の民間社会による請負のうえに成り立っていた国家であり、政治・行政だったということができる。第5章のタイトルである「百姓と町人の世」は、近世が、永続し発展する村や町、そしてその住民により支えられていた時代であったことをよく表現している。

村人は、その才知を発達させ、「綿花と底ぬけタンゴ」にみるような創意と工夫により生産を発達させた。近世の生産や流通の発達とは、領主の政策がもたらしたものではなく、村や町の百姓・町人の奮闘が生みだしたものだった。

ふじた・さとる／1946年生まれ。東京大学名誉教授。専攻は日本近世史。主著に『泰平のしくみ　江戸の行政と社会』（岩波書店、2012年）『幕末から維新へ　シリーズ日本近世史⑤』（岩波書店、2015年）など。

歴史が動く──声が聞こえる

Obinata Sumio ………………………………………………………………………… 大日方 純夫

歴史と言えば、暗記中心という印象が強い。動かない歴史である。他方で、歴史にロマンや物語を求める傾向も強く、学校での歴史は毛嫌いされる。教科書の歴史は、干からびた歴史に見える。しかし、歴史とは、教科書とは、本当にそうしたものなのだろうか。

谷川俊太郎の「みみをすます」という詩に、「いつから　つづいてきたともしれぬ　ひとびとの　あしおとに　みみをすます」という一節がある。歴史のなかの人びとの足音や声に耳をすましてみたい。「うったえるこえ　おしえるこえ　めいれいするこえ　こばむこえ　あざけるこえ」が聞こえてくる。「きょうへとながれこむ　あしたの　まだきこえない　おがわのせせらぎに　みみをすます」ことができる歴史的感性をみがきたい。

「学び舎」のこの本は、そうした感性を触発し、歴史意識を刺激する素材に満ちている。学校教育の現場から出発し、子どもたちの現実に足場をおいているからである。具体的な人、具体的な事柄、目に見える図像（絵・写真）から歴史のなかに入っていく工夫がこらされている。

小さな歴史と大きな歴史

人類の歴史の過程のなかで、それぞれの個人は、生まれてから死ぬまでの、ただ一回だけの、繰り返すことが不可能な歴史を生きてきた。全体の大きな歴史は、このような無数の個人の小さな歴史から成り立っている。富岡製糸場で製糸技術を学んだ横田英（p.168）や、東京で学んだアイヌの青年マタイチ（p.176）のように、みんな名前をもった個人として、時代のなかで生きていた（"名もない民衆"などどこにもいない）。教科書のなかに入って、そうした人びとの声に耳をすましてみたい。

歴史のなかに入る

大きな歴史は一つ一つの具体的な事実から成り立っている。歴史はすべて具体的である。ある場所の、ある出来事の、ある場面に入り込むことによって、時代の内側が見えてくる。上布田宿（現在、東京都調布市）の郷学校に入り込んで教育の様子に触れ（p.164）、府中町（同府中市）の称名寺で開かれた演説会から自由民権運動を考える（p.170）。そして、少女たちとともに吹雪の野麦峠を越えてみる（p.194）。教科書によって歴史の現場に立ち会いながら、大きな歴史の姿を生き生きととらえたい。

支配と抵抗に眼をこらす

一回だけの歴史を生きていたのは、もちろん日本の人びとだけではない。ニジェール川河口のオポボ王国の人びとはイギリスに支配され（p.186）、日露戦争下の満州では、村を追われた人びとが寒さにふるえ、生活の場を失っていた（p.188）。北京の天安門前で学生たちは日本の21カ条要求に抗議の声をあげ（p.198）、女子学生柳寛順は並川の集会で「独立マンセー」と叫んだ（p.202）。教科書で戦争と支配、従属と抵抗のありように眼をこらしたい。

歴史が動くことを実感する

人びとはよりよい暮らしや自由を求めて、それぞれのやり方で行動を起こした。府中の人びとは自由民権の演説に耳を傾け（p.170）、五日市の人びとは自らの手で憲法案を起草した（p.172）。富山県の女性たちは米屋に押しかけ（p.204）、平塚らいてうは月のように生きることを拒否した（p.206）。普通選挙を求める行進は、「奴隷から人間へ」と叫んだ（p.208）。この教科書で、歴史が動くことを実感したい。

そうした歴史意識を育むことが、未来をつくる歴史認識には欠かせない。

おびなた・すみお／ 1950 年生まれ。早稲田大学文学学術院教授。専攻は日本近代史。主著に『自由民権期の社会』（敬文舎、2012 年）『「主権国家」成立の内と外（吉川弘文館、2016 年）など。

明確な「時代像」から生まれる歴史への問い

Arakawa Shoji ·· 荒川 章二

「学び舎」歴史分野教科書は、構成の半分を近現代に振り当て、第4部「近代」、第5部「二つの世界大戦」、第6部「現代」に三区分する。「現代」は第二次世界大戦後であり、これは通例の時期区分だが、「二つの世界大戦」は日清戦争から始まり、表題通りに第一次世界大戦で分ける時代区分論とはかなり異なる。そして、第5部の時代を遡って拡張したことで、第4部は、世界史における近代国民国家の成立期、日本史では維新から明治立憲体制成立期までに焦点が絞られている。

近代国民国家とは何だろう

その大胆な選択の結果として、第4部では、近代に入るとはどういうことなのか、近代の国家はそれ以前の時代の国家と何が違うのか、「国民」が生まれる過程、そしてその「国民」とは誰を指すのか、などがよく見え、そうした気づきは、歴史における「時代」の意味・特徴への関心を掻き立てる。

例えば、第4部第6章「世界は近代へ」では、イギリスの市民革命からではなく、最初にアメリカ合衆国という近現代世界を代表する国家の成立を配置し、近代社会像を描く。そこに見えるのは、イギリスからの独立戦争を通じて掲げられた平等・人権・国家権力のあり方という近代の普遍的理念であるとともに、先住民インディアン社会を根こそぎ破壊し、アフリカから連れてきた黒人奴隷制を拡大する、「すべての人」の「平等」理念に背馳する、近代国民国家のもう一つの顔である。また、産業革命のページでは、工場と機械による大量生産が生活を利便化し、貿易を地球規模に拡大する一方で、そこで労働する人々に対する過酷な長時間労働や差別を生み出し、それに抗して、労働者の生活世界という近代社会の内部から、近代の平等理念を問い直そうとする資本主義的近代の根本課題の浮上が、巧みに示される。

さらにこれら西欧の近代国民国家の軍事的・経済的圧力がアジアに及んだ時の対応が、インド・中国・日本の比較事例として掘り下げられ、共通性と特質の両側面の把握から、幕末維新期日本の歴史過程の性格を考える手がかりを与えてくれる。

戦争体験から踏み出した現代

第5部では、20世紀への変わり目の頃から始まる本格的対外戦争・植民地分割戦争の時代を包括的・集中的に構成し、第二次世界大戦の惨劇（象徴的には、教科書 p.243「第二次世界大戦の死者数」の非戦闘員犠牲者数と割合）に行き着いた帝国主義＝戦争の時代を、抵抗の姿や民衆生活を含めた全体像として丁寧に描き出す。同時に、帝国主義（植民地帝国）の時代とは、国家間の排他的戦争（及びそれに伴う占領支配＝戦場化）が頻繁に起こった時期であるとともに、帝国圏内でも、植民地民衆（時に本国民衆）への抑圧・鎮圧出動という両側面が複合的に織りなす絶えざる軍事力行使の時代であったことを多面的に浮かび上がらせている。

こうして、第5部で戦争の時代の実相を詳細に描いたことで、第6部「現代」がいかなる意味で「戦後社会」なのか、戦争・軍事体験が戦後の社会意識に如何に広く深く刻印したかという現代社会の前例のない特質が浮かび上がる。同時に、核戦争の出現を含む戦争の終わり方や戦勝国主導の講和が戦後体制にいかなる歪みをもたらし、新たな軍事同盟を生み、各地に熱戦を吹き出させ続けたのか、という歴史の継続という側面にも注意が向けられる。平和への希求をどこまでも掘り下げている教科書である。

53

歴史研究・教育研究の立場から

あらかわ・しょうじ／1952年生まれ。国立歴史民俗博物館名誉教授。専攻は日本近現代史。主著に『軍用地と都市・民衆』（山川出版社、2007年）、『全集日本の歴史16 豊かさへの渇望』（小学館、2009年）など。

現代史の流れについて

Furuta Motoo .... 古田 元夫

新しい型の教科書の誕生

この「学び舎」の教科書の最大の特徴は、執筆者の全員が、小中高の学校の教員ないし教員経験者であることにある。現在、学校における歴史教育を、「退屈な暗記科目」から、歴史的思考力の育成を重視する方向に転換する必要が、多くのところで指摘されている。こうした方向での教科書づくりには、教育の現場で、生徒がどのようなことに感動し、どのような話に目を輝かせるのかを熟知した、現場の先生方の果たす役割がきわめて重要である。

現場の先生がつくる教科書という良さを発揮し、「読んで楽しい」「問いが生まれる」「学びがはずむ」教科書にしようということで、今回の教科書は、時系列的な記述よりも、見開き2頁を使っての主題編成的な構成をとり、各テーマについて冒頭にきわめて具体的な出来事を、「子どもたちが興味をもち追求したくなる歴史場面を焦点化し、具体的に描」くという趣旨でとりあげるという、従来の中学校の歴史教科書にはない、大胆な試みがなされている。

あまりに特殊な個別事例をあげることは、教科書本文の記述にはなじまないという指摘もあって、冒頭の事例を「フォーカス」という、本文とは区別された形でくくるという工夫をせまられるようなこともあったが、当初の趣旨は貫かれ、新しい型の教科書を形にできたことは、たいへん喜ばしい。

主題編成と通史的理解

こうした主題編成型の教科書にすることによって、必然的に生ずる問題がある。それは、上述のような個別事例を取り上げたため、歴史の流れを書く部分を圧縮せざるをえなかったという問題である。

そもそも、主題学習と通史的理解は対立する問題ではなく、時系列的記述を基本としている教科書の多くが主題学習的要素を取り入れているのと同様に、「学び舎」の教科書のような主題編成型でも、歴史の流れがきちんとつかめるようにすることは重要な意味をもっている。

歴史の大きな流れに関する「定番」的な理解が存在する第二次世界大戦までの時期にくらべると、戦後の現代史の部分は、その大きな流れをどのようにつかむのかは、様々な立場や議論がある。執筆者の同時代史である分、取り上げたいとされたエピソードも豊富で、そうした具体的事例を整理しつつ、歴史の流れをつかめる記述をどう盛り込むかは、教科書作成の最終局面でも、執筆者とコア＝アドバイザーでの議論の焦点の一つだった。

問い直される戦後

第10章の「(12)問い直される戦後」は、様々な角度から注目される箇所である。ここでは、「慰安婦」をはじめとする、個人レベルでの戦争被害の責任追及と補償の問題が、教科書の記述に入るか入らないかということに、世間の目は集中しがちである。

確かに教科書の記述にこうした問題が入るかどうかは、大切な問題であるが、同時に教科書に取り上げるのであれば、その必然性を説得的に示せるかどうかも、重要な課題だった。「問い直される戦後」の部分では、なぜこうした問題が1990年代以降、大きく注目されるようになったのかを、歴史の大きな流れの中で提示できるのかも、執筆者とコア＝アドバイザーの間で工夫を重ねた点だった。

実際に出来上がった教科書で提示されているのは、① 1970年代の日中国交正常化、ベトナム戦争終結以降の冷戦体制の弛緩、② 1980〜90年代の東アジアや東南アジアの国々の経済発展、③それを背景とした政治的民主化の進展と、人権を求める世界的な動向という流れである。こうした流れが妥当かどうか、わかりやすいかどうかなど、多くの読者の批判をあおぎたい。

ふるた・もとお／1949年生まれ。日越大学学長、東京大学名誉教授。専攻はベトナム現代史。主著に『ベトナムの世界史—中華世界から東南アジア世界へ』（東京大学出版会、1995年）『ベトナムの基礎知識』（めこん、2017年）など

女性史・ジェンダー史の成果が豊かに盛り込まれた教科書

Yokoyama Yuriko .... 横山 百合子

"**ま**るで教科書みたい"といわれるように、教科書は「無味乾燥」で「おもしろくない」ことの代名詞となっているのが現状です。しかし、学び舎の教科書は、このような先入観を根本からくつがえし、思わず読みふけってしまう魅力を持っています。子どもたちが「え、なぜ?」と考えたくなる、歴史的思考の喚起力にあふれた素材、近現代史の重視、読みやすい本文、動物や学校、子どもといった身近な切り口から問いかけていく姿勢など、その魅力はいくつもありますが、女性史・ジェンダー史の研究成果が豊かに盛り込まれていることも、魅力のひとつといえるでしょう。

▌"決断"の教科書

「バスチーユを攻撃せよ—フランス革命—」という見開きのページを見ると、フランス革命において、人権宣言が発表され王政が廃止された後、国民の政治参加が認められたにもかかわらず、女性や植民地奴隷の人権は認められなかったことがわかりやすく書かれています。このような、フランス革命の達成とその歪みをトータルに見る見方は、国内外を問わず、歴史研究者のなかではすでに常識となっています。しかし、「女性の権利宣言」を書いて女性の人権の不在を批判したオランプ=ド=グージュと、奴隷解放によって史上初の黒人共和国を建てたトゥサン=ルベルチュールを、本書のようにフランス革命全体の構造のなかで生き生きと描いた教科書は、まだ見当たりません。最も詳しい高校世界史教科書には、いまだグージュの名前も、女性の人権が認められなかったことも書かれていないのです。学び舎の教科書は、"教科書の常識"にとらわれず、それが子どもたちの未来にとって大切な内容であれば、歴史学の成果をふまえてわかりやすく書くという姿勢に貫かれています。まさに、学問の成果と授業実践をふまえて取捨選択する"決断"の教科書といってもよいでしょう。

ジェンダー視点からの斬新な構成

また、斬新さに驚いたのは、第8章「帝国主義の時代」でした。第8章の扉は、2ページ見開きで、纏足やベール、窮屈な帯やコルセットを解き放って、政治的・社会的進出を果たす帝国主義時代の女性たちの姿が、衣服の変化によって興味深く示されています。一方、ページをめくっていくと、兵士とそれを不安げに見送る家族の図に「WOMEN OF BRITAIN SAY—GO!」と記した第一次世界大戦中のポスターも現れます。女性の政治・社会への進出と女性の戦争への動員は歩調をそろえて進み、最終的に、兵士だけでなく国民全体が「多くの破壊と死」にさらされていくことが、章全体からわかりやすく読み取れる構成といえるでしょう。扉にかかれた「困難な時代に生きた人びとの声や体験から学びましょう。戦争は、人類に何をもたらしたでしょうか」という問いにたいして、ジェンダーの視点から深く考えられるよう、実によく工夫された構成です。

▌躍動する女性を描く

学び舎の教科書では、全体の約半分にあたる61項目を近現代史に割いていますが、そのなかで女性について言及がないページはわずかです。前近代においても、卑弥呼や北条政子はもちろん、日本で初めての留学生は尼であったこと、多種多様な職業をになう中世の女性たちの姿、一揆に立ち上がる女性など、どの時代においても、働き、学び、暮らし、憩う女性たちの姿が鮮やかに浮かび上がってきます。現在の高等学校日本史教科書でさえ、女性についての記述は全体の3%に満たないのが現状です。歴史の半分を支えた女性の姿を、事実に基づいてこれほどゆたかに躍動的に描く教科書の登場は、初めてのこと。中学生だけでなく大人にとっても、読み応えのある教科書です。

よこやま・ゆりこ／1956年生まれ。国立歴史民俗博物館教授。専攻は日本近世史・ジェンダー史。主著に『明治維新と近世身分制の解体』(山川出版社、2005年)「解体する権力」(吉田伸之・伊藤毅編『伝統都市2 権力とヘゲモニー』東京大学出版会、2010年)など。

「ともに学ぶ」ための教科書

Satomi Minoru .... 里見　実

学校の授業の中で、歴史の教科書はどのように使われているのだろうか？　教科書に記述された内容を教師が解説し、重要事項を板書し、生徒はそれをノートして暗記する。このような授業の形態に適合した教科書が使いやすい教科書と評価され、受け入れられていく傾向が、日本では、依然として根強いと言わなければならないだろう。

『ともに学ぶ人間の歴史』の執筆者たちは、この壁に挑んで、新しい教科書をつくった。「ともに学ぶ」というタイトルに、著者たちの思いが込められている。重要なことは新しい教科書をつくることではなくて、「ともに学ぶ」学びのスタイルを（そのような授業を）つくりだすことなのだ。新しい教科書は、そのための道具でなければならない。

図版・写真が語りかけてくる

ページを開いてまず気づくことは、それぞれの時代の、それぞれのテーマごとに、読者を歴史の現場にいざなう場面・情景が提示されていることである。大きな歴史的事件の場面であることもあるが、より日常的な人々の暮らしや労働の情景であることが多い。それらの絵図や写真は、本の記述を補うためのたんなる図解ではない。教室の読者たちが自身の想像力を働かせて歴史の現場に降り立つための、工夫と考えてよいだろう。第1章の冒頭のページには、ラミダス猿人の想像図が提示されている。地球環境が変化して、アフリカの森林は後退した。ラミダス猿人たちが直面したこの新しい現実に、想像力を介して、生徒たちもまた直面する。しかし森での生活や、その中で養われた資質が一挙に消えてなくなるわけではない。森林生活で培われた鋭い目と立体的な運動感覚が、草原生活の中で形成される新しい形質（直立歩行、掌の分化）に統合されて道具の使用に

つながっていくのだ。草原を歩く猿人の姿は、そんなことを読者に語りかけている。

絵が何かを生徒たちに語りかけるだけでなく、生徒が絵や絵の中の人物たちに何かを語りかけることもあるだろう。クフ王のピラミッドやローマの円形劇場に向かって、生徒たちはどんなことを語りかけるだろうか。巨大なコロッセウムの片隅で熱狂の声をあげているのは、「パンとサーカス」の時代を謳歌する21世紀のローマ市民たちではないだろうか。

生徒が身を乗り出すテーマ

指導要領の制約に従いながらではあるが、テーマの選択と配列は考え抜かれたもので、執筆者たちの長年の実践がそこに反映している。思わず身を乗り出して聞きたくなるようなエピソードや、「何なんだ、これは！」と叫びたくなるような視覚素材から話を起こして、その感動や違和感をより深めて考えるための知識や情報が見開き2ページの中で記述されることになる。「重要事項」をそつなく盛り込むことよりも、生徒の思考を触発し、深めることに重点が置かれているのである。

穀物、ジャガイモ、甘藷、綿、生糸、陶磁器、昆布、植物油など、歴史の中の「もの」に大きなスポットが当てられていること、ミクロな地域の歴史とマクロな「世界史」を相互に関連づけながらとらえる視点が重視されていること、各章の終わりに「歴史を体験する」という見開きページがあり、生徒たちを歴史家の仕事場にいざなうワークショップが提案されていることなど、この教科書の特徴は他にも多い。各ページにそくして具体的にそれらを吟味していくと、多様で豊穣な授業のイメージが立ち上がってくるだろう。教科書はそのための踏み台なのだ。

さとみ・みのる／1936年生まれ。國學院大學名誉教授。専攻は教育社会学。主著に、『学校でこそできることとは、なんだろうか』（太郎次郎社、2005年）『パウロ・フレイレ「被抑圧者の教育学」を読む』（太郎次郎社、2010年）など。

「なぜ」から始まる授業 ——仲間たちとともに

Saito Kazuharu ………………………………………………… 日本福祉大学 **齋藤 一晴**

初めての感覚

　将来、教員として教壇に立つことを夢見る大学生にとって、授業を構成する力をどう身につけるかは、大きな壁として彼らの前に立ちはだかっている。なぜなら、大学に入るまで、暗記や穴埋めの授業を中心に受けており、教科書そのものから授業の楽しさを感じた経験が乏しいからである。

　学び舎の教科書を手にした学生は、まず、各節のタイトルに驚く。一般的な教科書であればサブタイトルであるはずのものが、メインタイトルになっているからだ。例えば「都で、武士が戦う　—院政と平氏政権」、「繭から生まれる　—殖産興業」などである。学生の驚きは、次第に、どうしてタイトルを工夫しているのだろうという問題意識、つまり「なぜ」へと変化していく。

「なぜ」から始まる授業

　「なぜ」から始まる授業をいかにつくるのか。どうすれば生徒に「なぜ」をつくれる教員になれるのかといった思いが彼らを教材研究へと進ませていく。

　学生たちにとって、小学校から使ってきた教科書という存在は、いわば聖典だ。それは権威でもあり、疑う余地のない完全無欠なものとしても映っている。しかし、学び舎の教科書が生まれた背景に全国で長く積み重ねられてきた授業や、教員の子どもたちへのまなざしがあることに気づくと、学生は教科書「を」聖典として教えるのではなく、教科書「で」教えることにどのような意味があるのかを自覚するようになる。

「なぜ」を深める方法を学ぶ

　学生たちは、「なぜ」の大切さに気づくと、次にそれを深める方法が分からず悪戦苦闘することになる。学び舎の教科書には、各章の終わりにふりかえりがあり、「歴史を体験する」という部分がある。例えば、「山本宣治の人物調べ」(p.220) では、調べ方から調べた情報を精査するポイント、さらには発表の方法にいたるまでを、実際に生徒が作成したポスターを明示しながら説明している。

　学生たちは、誰にでも正答を与えてくれる教科書ではなく、自分だけの「なぜ」について深める方法を具体的に知ることができる学び舎の教科書に魅力を感じている。

「なぜ」を仲間たちと共有する

　学生たちは、生徒の「なぜ」を仲間たちと共有することが授業に求められていることに気づくと、指導案の作成や模擬授業でも、自然と仲間と共有したことを表現する時間を設けるようになる。そして、仲間の意見やときには自分の考えと異なる発言にも耳を傾けることを楽しむようになる。

　このように、学び舎の教科書から学んでいるのは、なにも中学生だけではない。そう遠くない将来に中学生と向き合うことになる学生たちが、みずからの教材観や授業観、生徒への視野を広げていくために活用している。それは、学び舎の教科書が、まさに「ともに学ぶ」存在であることを示しているだろう。

歴史科教育法で「考える問いづくり」に取り組んで

Maruhama Akira .... 元中高教員・大学非常勤講師 丸浜　昭

　大学での「考える問いづくり」に学び舎教科書を使った。冒頭の原始社会を題材に、事実が意味することを深くとらえたり、事実の関わりに目を向けるような問いを重視しようと提起した。次に第8章(7)〜(9)を題材に、荒削りでもいいとして、大きくとらえる大問とそれにつながる小問を班ごとに作ってもらった。以下、その中から2つの班のものを紹介し、私の簡単なコメントを付す。

教科書第8章(7)
■すべての力を戦争へ
── 第一次世界大戦 ──

大問：「すべての力を戦争へ」とはどういうことか？
小問：①戦争って聞いたらどんなことを想像？／何のために戦争？／どんな武器が？
②この戦争の拡大のきっかけは何？―教科書で市場と植民地に注目／三国同盟と三国協商の説明
③ポスターにはどんな意味がある？伝えているのは何か？／これを見てどう思った？／参加したいかしたくないか？
まとめ：総力戦の説明(今までの戦争との違いも)
◆この班の小問は、もっと焦点を絞って練りたい。たとえば同じ箇所を扱った班で、「今までの戦争と違うところを捉えよう」と問いかけ、日清戦争時の絵などと比べて、「戦場の様子の違いは？兵士の服装や持物、武器の違いは？」と、絵・写真を丁寧にみて、総力戦につながる戦争の変化を確認しようというものがあった。実際には、こうした問いを取り入れたい。

　ただ、この班はタイトルから大問を考え、3つで構成される部分をもとに小問を作ろうとしている。学生は学び舎教科書のタイトルが持つ意味を簡単には見抜いてくれず、3つの文章がそれぞれタイトルを深める記述であることも必ずしも読みとれない。この班はその組み立てを読み取ろうとしたことがうれしかった。

教科書第8章(9)
■パンを、平和を、土地を
── ロシア革命と平和 ──

大問：平和なクラス(世界)を作るためにはどうすれば良いか？
小問：何でパンの値段がこんなにも高くなったのか？／どうしたらこの困窮した状態から抜け出せるか？／社会主義って何？　→第一次世界大戦の反省点を考える
◆私は、たとえば総力戦とロシア革命の関わりとか、「平和のための布告」に目を向けるなど、もう少し時代像や歴史の大きな流れにつながる問いにこだわりがあった。この問いは、当初、この2頁だけからのある意味で思いつき的なものに感じられた。しかしよく見るとそんなことはなく、広がりのある問いが含まれ、なによりも以下のこの班のメモが重たい。

〈班のメモから〉意見をまとめるのは大変だったが、世界平和を考える授業作りをみんなで模索するのは楽しく、有意義な時間を送れた。〈以下略〉

　学び舎教科書作成者が、読む者が自由に疑問をもてることをめざした、といわれたことを思い出した。あらためて、学び舎教科書がそうした学びを引き出す力をもっていることを感じ、私の問いづくりへのこだわりの狭さを強く自覚させられた。

■学生の感想から

　「問いづくりの奥深さというものを感じた。子どもたちに発問をしても、それが子どもたちの興味を引き付けるような、知的刺激を与えるようなものでなければ発問をする意味はあまりなく…油断すれば、ただの一問一答のような考えのいらない問いになってしまう。…難しい…と同時に、考える問いづくりに面白さや可能性を感じた。」

豊かな対話を拓き、よりよい社会のあり方を考えあう歴史授業のために
―― 大阪市立大学「社会科・地歴科教育法」の取り組み

Naka Yoshinori ………………………………………………… 花園大学　中　善則

■教職志望の学生に、この本を届けたい

　地歴科及び社会科教員免許取得をめざす学生に、開講時、「歴史学習とは?」と尋ねると、「先生の話が詳しいけど、眠い」、「楽しさはあるが覚えるのが辛い」という風な声になる。そこで、学生と「何のために歴史を学ぶのか」を考え抜くことが講義の目標のひとつとなる。そのためには、学生に一度、本書をくぐらせる必要があると考え、17年度よりテキストとしている。

　社会科は、「よりよき社会をつくろうと努力する市民」を育成するものである。憲法や人権思想の理解を土台に、一定の政治的教養や判断力・行動力を、歴史学習を通して獲得させたい。めざすべき歴史授業像は、覚えるべきものを与える授業ではなく、様々な歴史的事象について、関連する資史料を批判的に読み、調べ、他人の意見を聞きとり、未来の社会のあり方を考える授業である。本書は、その資史料のひとつとして、またとないものであると思う。

■「教材」を通して、「対話」を生み出す授業づくりを

　講義では、次のような課題を設定して、本書を活用した。
【本書を活用しての講義テーマ】
2017 年度「江戸時代の農民は幸せだったか?」(討論)
2018 年度「太平洋戦争」の指導案をつくる (他の教科書と比較して)
2019 年度「教材」をつくる (この教科書で授業するとして)
以下、学生の声を記す。
・本文で太文字がないこと、そして資料の数が多く、初めて見る資料ばかりなのが印象的であった。学生同士で行った模擬授業でも、本書の資料から問いを投げかけ

て、資料について全員で考えるというスタイルが多かった。本書は、知識をただ覚えるだけではない、授業で考えるということが重要視されるこれからの教育現場で求められているものだと思う。
・特徴的な点は、農民・商人、村・町の様子など、江戸時代の被支配者である「普通の人」の様子に頁を割いていることである。過去に学んだ教科書でも武士以外の人々のことは書かれていたが、頁数としてはかなり少ない印象である。このような農民や商人などの様子に多く注目することは、支配する側以外の視点から歴史をみているということである。ただ武士に支配されて苦しむだけではない人々の姿を学ぶことで、歴史の学習をより豊かなものにしていると言える。
・初めて読んだ時、「これは学ぶ必要があるのだろうか」と思う所があった。しかし、それは、私自身が今までの歴史学習の概念に囚われていたからであった。一度その概念を捨ててみると、面白さに気づいた。本書は「人の目線から書かれているのだ」と感じ、自然と読んでいる人が歴史に寄り添えるような記述の仕方がされていると思った。
・従来の教科書が本文→図表という流れで学習されることが多いのに対して、本書は図表→本文という逆のアプローチが可能になるのではないか。私は社会科の教員を目指しているが、日本史であれば、世界とのつながりや地理的な視点なども意識した授業をしてみたいと思っている。その意味では、本書は、私の理想とする授業にとても適したものではないかと感じる。本書を使いこなせる教師になれたらいいなと思う。
・近代の内容、とりわけ二つの世界大戦に関する部分が、他の教科書に比べて圧倒的に充実している。歴史を学ぶことは、過去の成功や過ちを顧み、今どのような選択をするべきか考える糧にすること。本書を用いて実際に模擬授業を行うことで、大学生の段階で歴史を学ぶ意義を再考できた。

　教職をめざす学生には、将来、生徒と、まず、この本で学び、さらに発展させた教材を準備し、彼らと豊かな対話を拓き、歴史を自分たちなりに捉え、よりよい社会のありかたを夢中で考えあうような授業を、と願う。

歴史を体験する

授業実践の蓄積から、
選りすぐった体験学習を紹介します。

地域の博物館で調べる

羽村市郷土博物館　〒205-0012　東京都羽村市羽741　入館料：無料
休館日：月曜日／12月29日〜1月3日
開館時間：午前9時〜午後5時（野外展示：午前9時〜午後4時）

● 地域にある博物館を訪ねると、歴史を実感したり、深く調べたりすることができます。
● 羽村市郷土博物館を訪ねました。
　玉川上水や羽村取水堰について、具体的に、わかりやすく展示してあります。地域の歴史や、実際に使われていた民具などの展示もあります。たくさんの資料を集めて、保存しています。

玉川上水の流れを示す大きな模型があります。
■羽村の取水堰から、江戸の市中まで、約40kmの水路を一望できます。取水堰がなぜ羽村につくられたのか、よくわかりました。

取水堰の実物大の模型です。
■多摩川の本流から玉川上水に、水を分ける取水堰の構造がよくわかります。洪水になっても流されないように工夫したものです。

博物館には学芸員がいます。
■展示パネルを見ながら、詳しく説明してくれました。質問にも答えてくれます。課題に合わせて、どこを調べるか、どこを訪ねるといいかなど、相談にのってくれます。

地域の歴史について上手に調べ・発表するために

① どこを歩き、何を見るのか、何を調べるのか、あらかじめチェックしておきましょう。
② 地域の方、博物館の学芸員、説明員に積極的に質問してみましょう。
③ わかったこと、さらに調べてみようと思うことを、メモしておきましょう。
④ 写真を撮っておきましょう（ただし、写真は許可を得てから撮るようにしましょう）。
⑤ 調べたことと、レポートや地図にまとめ、グループやクラスで発表しましょう。

玉川上水の分水が新田をつくった

> 地域の歴史を歩く
>
> 用水路を歩き、さまざまな発見をしながら地域の歴史を探ります。

大島さんのグループは、調査・見学したことを地図に書き入れました。

歴史を体験する　地域の歴史を歩く（東京都小平市）

1 水路をたどってみよう

学校の近くを小さな水路が流れています。これはもしかしたら古くからあったものかもしれません。近くに川は流れていません。水は、どこから来て、どこに流れていくのか、たどってみましょう。

さっそく、地域の資料や副読本などで調べ、歩いてみると、やはりそれは江戸時代に引かれた玉川上水につながっていました（鈴木分水）。

写真①

2 水路は街道に沿ってうねうねと

鈴木分水は、街道に沿って、農家の畑をうねうねと流れていました。用水が2つに別れる地点に稲荷神社がありました。この神社も用水と関係があるようです。

神社にあった説明板を見ると、やはり、稲荷神社は、鈴木分水を通した永井六郎右衛門が、その分水で新しい村（鈴木新田）を開いたときに建てた神社でした。

写真②

3 新田村の屋敷森と畑

街道に沿った鈴木新田の農家には、今でも鈴木分水が流れ、屋敷森が残り、その裏側に短冊形に畑が広がっていました。農家を訪ねて話を聞いてみましょう。

いくつかの農家は、この分水がつくられたところ、先祖がここに来た人たちです。分水は、農家の屋敷の中を通っています。水路の水を飲み水などにして、台地の上に新しい畑を開いたのです。

畑の間には、茶やサワラの垣根もつくられています。屋敷森もこの垣根も、強い季節風から母屋や畑を守る工夫です。畑には、落ち葉からつくった堆肥を入れました。

4 小平ふるさと村

用水と新田について調べるため、小平ふるさと村に行ってみました。この近くに、分水（野中分水）が復元されています。1654年に羽村（東京都）から江戸まで引かれた玉川上水は、江戸の飲み水だけでなく、途中で何本もの用水路を分け（分水）、その水で、武蔵野台地に多くの新しい村が開かれました（新田開発）。

ふるさと村には、そのころの農家や水車も復元されており、糧うどんも食べることができました。うどんは、田んぼがほとんどないこの地域の郷土料理です。

> 歴史討論学習
>
> 『学問のすゝめ』をどう読むか、白熱の討論がくり広げられます。

歴史を体験する　対話・討論にチャレンジ　『学問のすゝめ』をどう読むか

1 『学問のすゝめ』を読み、要約する

「天は人の上に人を造らず……」という書きだしは、有名です。みなさんも聞いたことがあるかもしれません。福沢諭吉は、生まれつきの身分や家柄によって、人間の価値も職業も決まってしまう、江戸時代のあり方を厳しく批判しました。

『学問のすゝめ』は、明治維新後の1872年から各編の出版が始まり、1880年に全17編が一冊の本にまとめられた。この本は、人びとに大きな関心をもって受けとめられました。それは、日本の人口が約3000万人だったこの当時、300万部以上が売れた大ベストセラーであったことからもわかります。

実は、この「天は人の上に人を造らず、人の下に人を造らず」の続きも興味深い内容です。次の現代語訳をじっくりと読んでみましょう。

福沢諭吉『学問のすゝめ』現代語訳

天は人の上に人をつくらず、人の下に人をつくらないといわれる。（中略）しかし、今、広くこの人間の世を見わたしてみると、賢い人もあれば、愚かな人もある。貧しい人もいて、豊かな人もいる。社会的地位の高い人もいれば、低い人もいる。そのありさまは、雲と泥のような大きな違いがあるように見えるが、それはなぜだろうか。その原因はまったく明らかである。（中略）

賢人と愚人の差は、学んだか学ばなかったかで、できるものとのだ。また、世の中には、難しい仕事も、簡単な仕事もある。その難しい仕事をする人を身分が高い人と名づけ、簡単な仕事をする人を身分が低い人という。

およそ、精神労働や管理経営は難しくて、手足を使う肉体労働は簡単だ。だから、学者・医者・政府の役人・大きな商売をする商人、たくさんの人を使う大地主などは、身分が高くて貴い人というべきだ。（中略）

人は生まれながらにして貴賎貧富の差はない。ただ努力して学問をつくして、物事をよく知る者は貴人となり金持ちになる。無学なる者は、貧しく賎しく、下人になるのだ。

『学問のすゝめ』1871年初版本

2 感じたこと、思ったことをことばにして、対話・討論する

次に、一人ひとりが、この文章をどう読みとったのか、福沢の主張に賛成か、反対か、意見交換・討論をしてみましょう。

(1) 自分の意見をノートに書いてみましょう。最初から「賛成」「反対」という立場が決まらなくてもかまいません。討論には、主張と根拠（理由）を示すことが大切ですが、「もやもや」した思いをことばにすることも大事な作業です。まず、自分の考えをことばにしてみましょう。

(2) それを、二人組のペア、グループ、班、クラスなどに対して話してみましょう。このとき、相手の意見をよく聞くこ

とが大切です。相手の意見がよくわからないときは、「それっ」 ……　ほど、たずねあいをするのもいいでしょう。相手の言っている……

(3) 自分の意見と他の人の意見とのやり取りのなかで、自分の… 反対に、最初の自分の意見が変わったり、ゆらいだりする… 出会える大切な「学び」です。ところで、福沢は「人はみな… も「不平等や格差が存在するには、それなりの理由がある… 焦点の一つはここにあります。

3 あるクラスの議論から

> 福沢の主張は、本当にそのとおりだと思う。学ぶことは努力することと同じだ。がんばった人には、それなりの地位や責任がついてくる。やらない人と努力した人が、同じというのは、なっとくがいかない。
> （蓮さん）

> 努力をして勉強ができる人はお金持ちになり、偉くて人間的にも上の人だという決めつけはおかしい。家が貧しかったり、いろいろな事情があって、同じスタートラインに立てない人も大勢いる。それをダメだと決めつけないでほしい。
> （颯太さん）

4 問いを深めていくということ、問いを学ぶとい…

さて、対話・討論にチャレンジしてみて、どうだったでしょうか… ろさを味わえたでしょうか。「いろいろな考えを聞いて、かえって… なってしまった」という人もいるかもしれません。これらのプロセ… ちがかくすこと、相手に勝つことが目的ではありません。自分や他… 「学ぶ」ということは「答え」を暗記することではありません。… いでさらに「問い」が深まったならば、それをいろいろな手段で… 福沢の主張と、現代の歴史のながれとを照らし合わせるとどうな… これからも「問い」を学んでいきましょう。「問い」を学ぶ。

歴史を体験する全7テーマ

● 火と人類の歴史をさぐる
● インターネットで『洛中洛外図屏風』を見る
● 地域の歴史を歩く
● 綿から糸を紡ぐ
● 対話・討論にチャレンジ
● 山本宣治の人物調べ
● 一人ひとりの歴史・家族の歴史

60

第5章
メディアがとらえた『ともに学ぶ人間の歴史』

学び舎の問い

歴史教育はどうあるべきか

朝日新聞記者　氏岡　真弓

『世界』
2015年8月号
岩波書店 より転載

一冊の中学校の歴史教科書が今春、新たに文部科学省の検定に合格した。

株式会社「学び舎（しゃ）」の「ともに学ぶ人間の歴史」である。

この教科書は出版社ではなく、現職の教員や元教員たちがつくったものだ。執筆したのは30人余り。全員、教員や教員経験者だ。現場発、教室発の教科書といっていい。多くの教科書は大学の研究者が書き、現場の教員がチェックする形をとるだけに異例だ。

教科書会社も自前で立ち上げた。メンバーは「子どもと学ぶ歴史教科書の会」を結成し、支援する人を募るとともに、賛同者から1000万円を集め、株式会社「学び舎」として法人登記した。常勤役員、社員はすべて元教員だ。彼らはいったいどんな教科書を目指したのだろう。同会の趣意書を見る。

「子どもの側に立って、子どもの目を意識しながら、中学生向けの歴史教科書をつくりたい。それは子ども側から言えば、『あるページを見ていたら、次のページもめくってみたくなる。つづきを読んでみたくなる／そこで何か感じるものに出会う。問いや疑問がわいてくる』などの反応が見られるものです」

趣意書は続ける。

いままでの歴史の教科書には歴史の流れ、歴史事実が記述されている。それは子ども側から見ると、しばらく経ったあとには、単に文字の羅列となり、言葉としてのみ残ることになりかねない。まず教科書は、子どもから問いが発せられるような歴史的事実を描くものであるべきだ

し、教師からは子どもの声をぜひ聞いてみたいと期待したくなるものであるべきだ――と。

「学び舎」が狙ったのは、教師が知識を教え込むための「教師用の教科書」ではなく、子どもが自ら学ぶための「子ども用の教科書」だった。

歴史教科書は、これまで教科書に何が書いてあるか、書いていないかが問われてきた。家永教科書訴訟以来、戦争の被害、加害や植民地支配の問題が検定でどこまで認められるかが焦点となり続けた。

負の歴史をどうとらえるか、国が教科書を通じて教育を統制することをどう考えるかは「教科書問題」の重要なテーマである。

それに対して「学び舎」は、別の意味の「教科書問題」を提起したように思う。それは、教科書はだれのためのものか、教科書で実際にどんな授業をするのかという問いである。

その問いを突き詰めたがゆえに、「学び舎」の教科書は国の学習指導要領の構造から逸脱したとされ、いったん不合格とされもしたのだが。

そう考えると、執筆者たちが自分たちの本について、「『新しい歴史教科書をつくる会』を源流にした『育鵬社』『自由社』の『右の教科書』に対抗するものとして語られるのは不本意だ」と繰り返し話すのも理解できる。

本稿では、この教科書がなぜ生まれ、検定の壁にどうぶつかったのか、それをどう越えようとしたのか、そしてこの教科書が投げかけた問いは何かを考えてみたい。それが教科書とは、授業とは何かを考えることにつながると思う。

現場発の教科書を編む

「学び舎」の教科書づくりの出発点はどこだったのか。

発端は2009年、東京都の社会科サークルの教員や元教員たちが、フィールドワークに行った先の宿で「いい教科書がほしい」と話したことにさかのぼる。

東京都の公立中学校元教員の若木久造さん（77）は話す。「いまの教科書では暗記になってしまい、子どもが乗ってこない。生徒が身を乗り出す教科書がほしいと思っていた」。「知識の羅列の教科書が歴史嫌いをつくってきたのではないか。いままでにないものをつくれないかと思った」と語るのは、東京都豊島区立中学校の教員の瀬戸口信一さん（57）だ。

なぜ教科書でなければならなかったのか。副読本なら自分たちが出版すれば自由につくれる。だが、メンバーは教科書にこだわった。教科書は「主たる教材」と定められ、授業で使うよう義務付けられている。教科書を変えることで授業の可能性を広げる。それこそが彼らの目標だった。

既にある出版社に頼むことも考えた。ところが、中学の歴史教科書は日本書籍、大阪書籍が姿を消し、出版社が減りつつあった。1955年には22社が出していたのが、2012年段階では7社に減り、大手の寡占が進んでいる。だったら自分たちで。議論はそんな方向に傾いていったという。

肝心なのは教科書の内容だ。若木さんたちが相談したのが、千葉県の公立中学校教員として数々の教育実践を積み重ねてきた元愛知大学教

授の安井俊夫さん（80）だ。

安井さんがつくったのは、100を超えるテーマの「目次試案」だった。多くの教科書は、学習指導要領に即して執筆分担を決める方法をとる。だが、安井さんは、研究会やサークルで既に評価の高い授業の指導案を組み合わせて全時代を描ききるやりかたを選んだ。学習指導要領ではなく、現場の授業から考える発想といえる。

それをもとに、メンバーは「歴史教育者協議会」「教育科学研究会」「日本生活教育連盟」など、さまざまなサークルや団体に属する小中高校の教員に声をかけた。

最新の研究を反映させたいと、研究者の協力も仰いだ。当時東京大図書館長だったベトナム現代史専門の古田元夫名誉教授をはじめ、助言、校閲する歴史研究者が8人そろった。

教科書の原稿は繰り返し、研究会で検討された。私が取材した2012年12月の会では、30人近い会員が集まり、ロシア革命をどう描くかを、原稿をもとに議論していた。

「ロシア帝政、社会主義革命って、子どもたち、どこまでイメージできるんだろう」「やはり具体的な場面を見せ、何が起こったのだろうと疑問を持つことからじゃないか」

話し合われていたのは、子どもがどう反応し、どんな授業ができるかだ。研究会は教科書の編集会議というよりも、授業の研究会だった。原稿は、80回を超える研究会で練り上げられた。漢字の表記やルビも学習学年に応じて考え、校正が重ねられた。文科省の検定用に提出する教科書の「申請本」ができあがったのは、2014年春だった。

子ども目線で学習がすすむ

メンバーたちは検定に提出した本を「5月本」と呼ぶ。それを見てみよう。「学び舎」の教科書は全体の120テーマのうち半分以上にあたる64のテーマを近現代史に割いている。力を入れたのは、見開きページの左上に載せた大きな図版だ。子どもたちを歴史の場面に招き入れ、これは何？なぜ？と疑問を持ってもらうことを目指す。

産業革命のページを開く。これまでの多くの教科書は、技術が開発され、工業社会が成立したこと、労働問題が発生したことを時系列で淡々と記述していた。

「学び舎」の本は左上に、糸車で糸を紡ぐ女性の絵、その隣には、紡績機で綿花から糸をつむぐ工場の版画が載っている。図版のすぐ下にあるタイトルは「工場で働く子どもたち」。本文は、紡績工場で働く7歳の男子ブリンコウ君の一日という具体的な場面で始まる。彼は朝5時前、ベルで起こされ、5時半には工場に入る。綿ぼこりがたちこめ、蒸し暑い工場で腰をかがめて床をはいまわり、綿くずを掃除する。昼に30分の休憩をはさんで夜の8時まで働き続ける。

目の前で事故が起きる。10歳の女の子メアリのエプロンが機械に挟まれ、片足を失ったのだ。彼女には見舞金さえ払われなかった。

それを読んだ生徒がもう一度、上の図版を見ると、機械の下で動き回る子どもの姿が見えてくる。本文の記述はそこから産業革命全体に広が

り、イギリスが機械の発明などで「世界の工場」と呼ばれるようになったことまで展開する。そして章末には、実際に糸を紡いでみようという「ものづくり」のページが用意されている。

別のところを開こう。「学び舎」の本の特徴のひとつは、子どもが多く登場することだ。「走れ、ぞう列車」のページを見る。戦時中、動物園の猛獣が次々処分され、戦後、動物園が再開されても、動物がほとんどいない。子どもたちは「子供議会」で名古屋の動物園から象を借りることを決議する。実際には運搬手段が難しく実現しなかったが、大人のはからいで子どもたちは名古屋行きの列車でゾウを見に行くことになる。そうして１万人以上の子どもがゾウに会いに行くことができた――。

教科書はそう紹介する。子どもたちが議論し、自ら動くことで、夢が実現したことを伝えるのが狙いだ。

「中学生は自分たちと年の違わない子どもがかかわっている方が入りやすいし、切実にうけとめる」。担当した埼玉県の私学教員の菅間正道さん（47）は話す。

アジア、アフリカの人々の動きを多く盛り込んだのも特徴だ。「人々が列強から分割されるだけに登場するのではなく、彼らの日常の営みから出発する記述にしたかった」と言うのは、埼玉県の公立中学校教員だった山田麗子さん（62）だ。

アメリカの独立と先住民のインディアンの関係や、アフリカでパーム油を英国の会社に売り、利益をあげていたオポボ王国の存在も紹介し

（3）工場で働く子どもたち ―産業革命―

●教科書 p.150

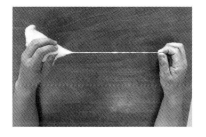

歴史を体験する **綿から糸を紡ぐ**

①　まず、手で紡いでみる

②　紡錘（ス

●教科書 p.168

た。

だが、この教科書をつくっている間、教科書をめぐる状況は大きく変わっていく。安倍政権の誕生以降、2014年1月に教科書づくりや検定のルールが厳格化されたのだ。

「学び舎」は、記述の根拠となる資料を、分厚い2冊のファイルにして提出した。検定では細かい事実関係が焦点になる。記述の裏打ちとなる資料をきちんとそろえれば大丈夫だと考えた。「合格することを誰一人疑わなかった」と安井さんは振り返る。

273件の「欠陥」指摘から、不屈の逆転合格

ところが、その予想は外れる結果となった。

検定の第一段階で、「学び舎」の本は、いったん不合格になった。結果が告げられたのは2014年12月だった。

外れたのは、不合格という結果だけではない。その理由だ。

教科書の合否について審議するのは、有識者からなる文科省の「教科用図書検定調査審議会」である。理由書には、こうある。

「学習指導要領の社会科の歴史的分野の目標、内容及び内容の取り扱いに照らして、基本的な構成について重大な欠陥が見られ、適切性を欠いている」

文科省がつくり、授業の中身を定める学習指導要領に合わないというのだ。どう合わないのか。

「個別具体の事例に関する記述が多く、辞典類、通史的概説書にもほとんど取り上げられていない事例について、その背景等を明確にせず取り上げられている」

例えば、英国の7歳の無名の少年、ブリンコウ君がなぜ本文にいきなり出てくるのかがわからない、というのだ。

さらに「個別具体の事例そのものの説明や、取り上げられた事例や歴史的事象間の関連についての説明が十分ではないことから、我が国の歴史の大きな流れを理解させるためには不十分である」。事例は並んではいるが、「我が国の歴史の流れ」が読み取れないというのだ。

この指摘で、ハイライトの場面から入る本文の描写のいくつかを時系列で並べるよう見直しを迫られることになった。

時代区分も問題になった。「学び舎」の本は戦争時代の子どもの動きを追うために8月15日の終戦の日で章を区切らず、戦争孤児まで含めた。これが、指導要領通りではないと指摘されもした。

また、理由書は、こう書く。「指導要領の内容や内容の取り扱いに示された事項について取り上げられていない又は扱いが不適切な点が多く見られる」

「学び舎」の教科書はたしかに文化の記述が他社より少ない。「元禄文化」はコラムで書き、本文に入れていなかった。「桃山文化」「室町文化」「化政文化」は本体の記述ではなく、巻末の年表でふれていた。それが問題視されたのだ。

欠陥と指摘されたのは結局、273件に上った。

教科書の書き方がここまで学習指導要領に限

定されていたとは。メンバーたちは驚いた。

「教科書は誰が読んでも同じようにわかるように、どんな先生でも同じ授業になるように書きなさいということだった」と東京都の公立中学校元教員の不破修さん（67）は言う。「屋上の水道タンクから水を流し、同じ水を、下の蛇口に口をつけて待っている北海道から沖縄までの全国の子どものおなかのなかに流し込む。そんな教育で果たしていいのか」。教科書は、もっと多様な授業を生みだすものではないか、と感じたという。しかし、メンバーは断念しなかった。

山田麗子さんは「検定制度の下でも、教科書の魂は守れる」と思ったという。「指摘された問題は内容より形が中心だった。形さえ変えれば、内容は大きく変えなくてすむのでは」

教科書はいったん不合格になった場合、70日以内に再申請すれば検定を受けられる。

再挑戦が始まった。中心メンバーが集まって3日間議論し、1カ月足らずで中身を組み替えた。

本文の冒頭の具体的な事例の部分は、地の色を薄青色に変えて「フォーカス」と名付け、コラム扱いにした。そうすることで、ブリンコウ君やオポボ王国の記述は生きた。

章立ても学習指導要領に合わせた。「元禄文化」なども本文で扱った。記述を校正し、大急ぎで印刷に回す。できあがったのは、2月2日のタイムリミットの直前だった。

その「2月本」が再度検定され、3月11日、102件の検定意見が告げられた。それを受けて、また直す。教科用図書検定調査審議会の部会を

（2）分割される大陸 ―帝国主義―

■ ニジェール川でパーム油を争う

▶アフリカ大陸を分割する帝国主義

196

●教科書 p.196

通過したのは3月末だった。

そして4月6日の総会で、合格が決まった。「学び舎」の本は、文科省の認める教科書になった。

「厳格な検定基準」への対応

検定による波紋は、それで終わりではなかった。

発表後、「学び舎」の教科書は、彼らが狙った「教材としての教科書」とは別の意味で注目を集めることになる。

今回の検定からルールが厳格になったことは前にふれた。例えば「検定基準」は、社会科で「近現代史で通説的な見解がない数字を記述する場

合、『通説がない』と示す」「閣議決定などで示された政府の統一見解や最高裁判例がある場合は、それに基づいた記述をする」といった項目が付け加えられた。国の姿勢を教科書に盛り込むよう求めるのが目的だ。

「学び舎」の教科書は、この両方のルールを適用された初めてのケースとなった。

まず、数字だ。「学び舎」は「5月本」の関東大震災のコラムで、「朝鮮人が攻めてくる」と流言が広められ、虐殺された朝鮮人被害者の数を「数千人」と書いた。すると、「通説的な見解がないことが明示されておらず、生徒が誤解するおそれ」を指摘された。

「数字は子どもたちがイメージをつかむのに必要だ」とメンバーは考えた。再挑戦の「2月本」では、コラムの「数千人」はそのままにし、側注で「約230人（当時の政府調査）や、約2610人（吉野作造調査）、約6650人（日本にいた朝鮮人たちによる調査）などがある。虐殺された人数は定まっていない」と具体的な数字を紹介した。

だが「数千人」という記述を残した点が「誤解するおそれのある表現」だと再度指摘される。結局、「数千人」を「おびただしい数」と直すことで検定を通過した。

もうひとつの「政府の統一見解を書いていない」という指摘は、慰安婦の記述に対してだった。

慰安婦を、「5月本」は2つの単元で扱っている。一つは「東南アジアの日本軍」。日本が朝鮮、台湾の人びとに与えた加害のコラムで「朝鮮・台湾の若い女性たちのなかには、『慰安婦』として戦地に送り込まれた人たちがいた」と紹介した。

もう一つは「問い直される戦後」。慰安所がつくられた海南島で兵士から暴行を受けた女性の事例や、アジア各地の慰安所の地図、韓国の元「慰安婦」が描いた、手を引かれて連れて行かれる絵を掲載した。さらに1991年、金学順（キム・ハクスン）さんらが「自分は生き証人だ」と名乗り出て日本政府に謝罪と補償を求めたこと、日本政府はお詫びと反省の気持ちを表明する「河野談話」を発表したことなどを20行近くにわたって説明し、河野談話を側注で紹介した。

これに対して理由書は、前者の加害のコラムの記述と、金さんの証言部分に対して「政府の統一見解に基づいた記述がされていない」と指摘した。第一次安倍政権のとき閣議決定された見解で「軍による強制連行を直接示す資料は見当たらない」とされたことを盛り込むよう求めたのだ。

「学び舎」はどう対応したか。「2月本」で、前者の部分は「朝鮮・台湾の若い女性たちのなかには、戦地に送られた人たちがいた」と「慰安婦」の言葉を削った。「『慰安婦』とカギカッコをつけなければ伝わらない言葉はできるだけ避けようという判断だった」とメンバーはいう。後者は地図や絵を削り、証言を大きく圧縮した。河野談話は残したが、第一次安倍政権の政府見解の記述を談話の下に加えた。

その結果、再提出された教科書では、資料として掲載された「河野談話」と政府見解を除き、「慰安婦」の用語がすべて消えることになった。

この変更が「検定基準の変更で、教科書の記述

が削除を余儀なくされた」と注目を集める結果になった。「教科書の内容が後退した」「そこまで引かなくてもよかったのでは」。メディアや研究者からは、さまざまな反応が出た。

こうした声にメンバーたちは違和感を抱いたという。

たしかに関東大震災で「数千人」という表現を削らざるを得なかったことについては残念だと彼らも考えた。

ただ慰安婦は違う。検定意見をつぶさに見ると、慰安婦の絵や慰安所の地図にまでは意見がついていない。慰安婦を教科書に書くこと自体が問題視されたわけではない。意見に対応し、慰安婦を軸に書き換えることも可能だった。

どうするか。別の書き換え案として浮かび上ったのが、残留孤児を中心にした戦後補償の見開きページだった。検定に出す前に既につくってあり、提出前の段階でどちらにしようかと検討していたものだ。

彼らは考えた。「慰安婦」の記述を教科書に入れること自体が自分たちの目的ではない。戦後補償を学ぶのに、ふさわしい記述は何なのかという観点で決めたい。そうして選んだのが、残留孤児から始めて戦後補償を考える記述だった。実際に検定に合格した本を見よう。

左上の図版は、孤児たちの顔写真が並ぶ新聞記事となった。文章は、1981年、残留孤児が赤ん坊のときの写真を掲げ、「私はだれなのですか」と問いかける姿から始め、まず残留孤児の問題を描き、さらに中国人を強制連行したと訴えられた企業が戦後、事実を認め、和解に踏み出したこ

●教科書 p.280

とも紹介する。過去をどう見つめ、克服するかがテーマだ。

ここには「5月本」にはなかった重要な内容が盛り込まれている。それは、なぜ国ではなく個人として戦後補償を求める流れが増えてきたのかという分析だ。新たに描いたのは、冷戦体制が緩み、アジアが経済発展し、政治の民主化が進んだという時代の背景だった。

慰安婦の記述が検定を通過し、子どもの使う教科書に盛り込まれるかどうかは、教科書検定をめぐる重要な問題である。だが、「学び舎」が悩んだのは、教科書をつくる側がどの教材を選ぶかという編集判断の問題だった。

「5月本」と、検定を通過した本と。どちらがよい教科書なのか。慰安婦問題については「5

月本」の方が読んでわかりやすい。検定を通過した本は記述の不自然さが残っていると私は感じる。

だが、戦後補償の問題を考える教材として考えるなら、合格した本の方が優れているという評価もまたありうる。

「5月本」と検定に合格した本と。現場の教員、歴史研究者も含めた、さまざまな視点からの議論が必要だと思う。

学び舎が投げかけた"歴史"

教科書は検定を通過するだけでは、子どもたちの手に届かない。この夏、各地の教育委員会や国立、私立の学校で教科書を選ぶ「採択」の作業が行われる。他の教科書会社は「学び舎」の動きをどう見ているのか。

「面白い教科書だと思うが、採択は容易ではない」というのが多くの会社の見方だ。

理由は二つある。一つは営業の態勢だ。各会社は営業担当の部署の社員が教委を訪れる。「学び舎」は自分たちで手分けし、北海道から沖縄まで回る。教委はこれまで既存の教科書を使っている。教員もそれを軸に教材研究を重ねており、蓄積がある。ちなみに2015年春の中学の歴史教科書の需要数は、「教科書界のガリバー」といわれる東京書籍が52.9％、続いて教育出版が14.5％、帝国書院が14.1％と続く。この3社で8割以上を占めている。ここに割って入るのは容易ではない。

採択の検討用として、「学び舎」は教委や国立、私立学校に教科書を直送した。さらに、住民が教科書を閲覧できる教科書センターにも本を送った。その数は合計で8000冊近くにも上る。教科書はつくるだけでなく選んでもらうのも大変だ、というのがメンバーの実感だ。

もう一つの理由は、教員の教えやすさである。

他の多くの教科書は子どもの絵を使った吹き出しで「考えてみよう」「話し合ってみよう」と授業の流れを書き込んでいる。本に沿って教えれば、授業は成立しやすい。

しかし「学び舎」の本は、教員が自由に授業できるようにと考え、そのような書き込みはしていない。

文科省の関係者によると、検定の審議会の場でも「学び舎」本について、「これまでの教科書に慣れた教員が教えられるか」と懸念する意見が出た。「国立大の付属校の研究授業のような内容だ」と評する声もあったという。教材研究に熱心な一部の教員が教えるための教科書ではないか、という見方だ。

各地の学校では、第二次ベビーブームにあわせて採用されたベテランの教員たちが次々退職期を迎え、新人が増えている。現場はただでさえ忙しい。若手が授業しやすい教科書、だれでも授業できる教科書でなければ。そう語る教委の指導主事も少なくない。

だが、学び舎のメンバーは言う。「子どもたちに、どんな授業をするか研究するのは教師の本分。それが失われているとしたら、そのことこそ問題ではないか」と。

1970年代に教員としてのスタートを切った山田麗子さんは、サークルで地域教材をつくり、学び合った経験を思い出す。「教師の授業研究をよみがえらせたい。現場の若手の教員にこそ、面白いと思ってほしい」と話す。

「教科書を教える」のではなく、「教科書で教える」。教育界でよく使われる表現だが、「教科書で教える」ことがいかに難しいか。だが、難しいといって逃げていては、子どもたちをひきつける授業にはならないだろう。

いま、文部科学相の諮問機関である中央教育審議会は、2020年度から始まる次の学習指導要領をどうするか検討を進めている。その方向は、知識を覚えているかどうかを問う暗記型の教育から、自ら問いを立て、考える力に重点を置き、探究を重視する教育へ変えていこうというものだ。「学び舎」の教科書が目指す方向と重なって見える。

だが「学び舎」のメンバーが投げかけたのは、暗記か探究かという学びの形だけではない。教育は大人が正しいと考える内容を子どもに教え込むものなのか、という、より深い問いだ。「大人」とは、検定にかかわる「国」だけではない。子どもの前に立つ教師もだ。

「学び舎」の本は歴史の場面を重視し、シーンのオムニバス方式で、子ども自身が歴史の流れを考えることを目指した。それはよいことなのか。「歴史の流れを明示しない教科書はわかりにくい」「子どもには無理だ。やはり筋道を教え、歴史をとらえる枠組みを与えるべきではないか」。検定発表後の取材では、そう指摘する何人もの教員に会った。

歴史を描くのは大人か、子どもか。それは容易には答えの出ない問いであるように思う。

「学び舎」の本は彼らが目指したように、授業を変えることができるのだろうか。

「学び舎」は7月、市販本「学び舎中学歴史教科書」を出版し、議論を広げたいという。続いて教師用の指導書も出す予定だ。7月、8月は各地の教委の教科書採択が本格化する時期でもある。

大津市のいじめ事件を発端にした教育委員会制度の改革で、各自治体では、この春から首長が「総合教育会議」を設け、首長が教育にかかわる度合いが増している。教科書採択はあくまで教委の権限だが、首長の政治姿勢が影響する可能性が大きくなっている。

この場で「学び舎」の教科書がどう議論され、どこまで採択されるのか。「学び舎」が投げかけた問いはいくつもある。子どもに必要な学びとは何か。どこまで子どもに教え、どこからゆだねるか。教科書はどこまで学習指導要領に沿い、どこまで多様であるべきか。国の関与のありかたはどうか。そして歴史はだれが描くのか。それらは「学び舎」や他社も含めた教科書に限らず、教育をめぐる問いでもある。

今回の採択で、そうした教育の議論がどこまで展開されるのか、それとも展開されないのか。採択の現場を新聞記者として引き続き取材していきたいと思う。

※『世界』では教科書P.150の図版のみ掲載されていました。その他の図版については「学び舎」で選び、著作者の了解を得たうえで掲載しました。図版はすべて2015年検定合格の教科書です。

マスコミ・ミニコミでとりあげられた
学び舎歴史教科書

〈2015年〉

- ・『沖縄タイムス』2015年4月7日、「沖縄の歴史手厚く　戦争や基地 証言重視」（資料② p.77）
- ・『朝日新聞』2015年4月8日、「教員らの「学び舎」検定合格　届けたい 面白い歴史教科書」（資料① p.76）
- ・『京都新聞』2015年 5月1日、「教員ＯＢら検定合格　歴史教科書面白く　無名の人物、時代背景伝える「試験対策より学びを」」
- ・『北日本新聞』2015年 5月2日、「砺波の「赤紙」歴史教科書に　教員ＯＢら編集」
- ・『東京新聞』2015年 7月7日、「「暗記」じゃなく「なぜ」がある　元中学教諭ら歴史教科書執筆」
- ・氏岡真弓「学び舎の問い－歴史教育はどうあるべきか」『世界』（岩波書店）2015年 8月号
- ・丸部昭「書評『学び舎中学歴史教科書 ともに学ぶ人間の歴史』」『歴史地理教育』838号、2015年 8月
- ・鹿野政直「「人びと」から拓く歴史－学び舎発行の『ともに学ぶ人間の歴史』について－」『歴史学研究』（歴史学研究会編集、青木書店）939号、2015年 12月

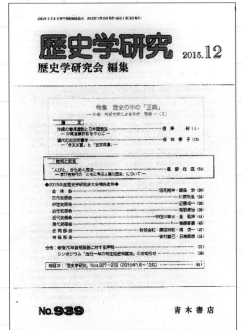

> ＊歴史学者の鹿野政直氏は、この論文の中で、「「人びと」を軸とする学び舎教科書の歴史叙述は、少なくとも３つの点で、歴史教科書についての通念を、大幅に破る」ものであると評価しています。第一に、「歴史教科書に載るほどのひとは、"偉人"や"英雄"という通念を覆そうとした」ことであり、「だれもが固有名詞をもつ存在ではないか、という次元から、歴史における人間を考えようとした」と述べています。第二に、「外国と日本、外国人と日本人という垣根を低くしようとした」ことをあげています。第三に、「軽視されやすい子どもや女性、さらにさまざまなマイノリティの人びとの体験や活動に、多くの紙面を割くという構成をもたらした」ことを指摘しています。

- ・不破修「学び舎歴史教科書は授業の可能性を広げられるか」『生活教育』（日本生活教育連盟編集、生活ジャーナル）2015年 12月号

〈２０１６年〉

- 「歴史を学ぶ楽しさを伝えたい」『ふぇみん』（ふぇみん婦人民主クラブ）Ｎｏ.3121、2016年5月15日号
- 『東京新聞』2016年12月25日、「歴史 学び直しに役立てて　元教員ら執筆テキスト 学習会で活用　絵・写真交え庶民にも光　「自分なりの見方培って」」（資料③ p.78）

〈２０１７年〉

- 池田剛「特集　教科書問題入門」『いたばし　ナウ』（板橋・生活と自治研究所）139号、2017年3月
- 山田麗子「問いを生み出す学び舎歴史教科書」『歴史評論』（歴史科学協議会、校倉書房）804号、2017年4月号
- 水村暁人「歴史教科書を学び捨てる」歴史学研究会編『歴史を社会に活かすー楽しむ・学ぶ・伝える・観る』（東京大学出版会）、2017年5月

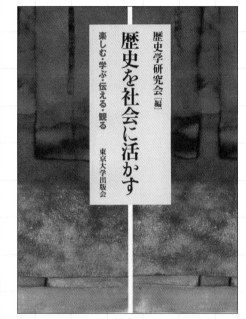

- 『毎日新聞』2017年5月15日、「教育勅語　学びの現場では」
- 「こんな教科書で学びたい」『現代女性文化研究所ニュース』46号、2017年5月19日
- 『YWCA機関紙』738号、2017年6月
- 黒田貴子「教員たちがつくった歴史教科書『ともに学ぶ人間の歴史（学び舎）』」『わだつみのこえ』（日本戦没学生記念会）146号、2017年7月
- MBSドキュメンタリー『教育と愛国〜教科書でいま何が起きているのか』2017年7月30日放映（50分）
- 『毎日新聞』2017年8月18日、「社説・灘中への教科書採択抗議　教育現場をおびやかすな」
- 『ゆきのした通信』（ゆきのした文化協会・福井県）2017年8月
- NHK『クローズアップ現代＋』2017年9月6日放映
- TBSテレビ『林先生が驚く初耳学！』2017年9月24日放映
- 本庄豊「学び舎歴史教科書への攻撃は何を意味するか」『季論21』（『季論21』編集委員会、本の泉社）38号、2017年10月
- 2017年11月〜2018年4月『毎日新聞』ほか共同通信社配信・地方新聞39紙、「憲法ルネサンス　考えながら学ぶ歴史」／「人間を描き学び深める」／「子どもの側に立った教科書」／「現・元教員ら手作り」
- 『北日本新聞』2018年6月4日、「シリーズ米騒動100年ひるまずたおやかにー第6部燎原をゆく　歴史教科書とりあげるべき大事件」
- 『銀河通信』207号、読書欄で市販本を紹介
- 千葉保「教師の学び　学び舎教科書『ともに学ぶ人間の歴史』を授業するー種が落ちないムギ」『「ひと」塾通信』7号、2017年

〈２０１８年〉

- 香川七海「図書紹介『増補 ともに学ぶ 人間の歴史』（社会科検定教科書・市販本）」『**日本大学教育学会 教育學雑誌**』第 54 号、2018 年

- 『**朝日新聞**』2018 年 4 月 27 日、「歴史教科書 読みたくなるものに　朝日新聞社のクラウドファンディング」（資料④ p.79　）

- 宮平真弥「学び舎教科書の沖縄記述」『**月刊琉球**』（琉球館）、2018 年 6 月

- 『**アサココ**』（asacoco 朝日新聞折り込みの東京多摩地域タウン誌）2018 年 6 月 7 日

- 本庄豊『**「明治 150 年」に学んではいけないこと**』（日本機関紙センター）、2018 年 6 月、資料編に「学び舎歴史教科書への攻撃は何を意味するのか」「中学校歴史教科書の中の朝鮮〜学び舎教科書を例に」を収録

- 「特集：『ともに学ぶ人間の歴史』（学び舎）における歴史叙述の検討」『**人民の歴史学**』（東京歴史科学研究会）216 号、2018 年 6 月

  伴野文亮「自由民権運動の叙述から中学校社会科教科書を考える－近代日本における多様な『人びと』の歴史を学ぶ／教えるために」

  松本愛美「中学校社会科教科書におけるアジア・太平洋戦争期－『学び舎』教科書を中心とした教科書記述と学習課題を比較して」

  新川綾子「中学校歴史教科書における戦後史－『学び舎』教科書の記述を中心に」

- 奥山忍「子どもの目・歴史を学ぶということは？」『**歴史地理教育**』881 号、2018 年 7 月

- 黒田貴子「教室から生まれた歴史教科書」『**福山医療センターだより**』2018 年 4 月号

- 黒田貴子「沖縄を知ることから」『**福山医療センターだより**』2018 年 6 月号

- 『**朝日新聞ハフポスト**』2018 年 7 月 9 日、「学ぶ会クラウドファンディング・子どもが読んで楽しい学び舎教科書、現場の教師が知恵をしぼる次回改訂へ支援募る」

- 黒田貴子「もうひとつの日清戦争－東学農民戦争と日本」『**歴史地理教育**』882 号、2018 年 7 月増刊

- 丸浜昭「地歴科教育法で『考える問い』をつくる－『学び舎』教科書を使って」『**東京の歴史教育**』（東京都歴史教育者協議会）47 号、2018 年 8 月

- 池上彰・増田ユリヤ「現代ニュースを読み解くカギは全部、世界史の教科書に書かれている！」『**日経おとなの OFF**』（日経ＢＰ）2018 年 10 月号

＊池上彰氏は、「中学生向けですがとても面白い教科書を見つけました」と学び舎教科書を紹介し、対談の中で、「思わず読みふけってしまう面白さ。見出しからして、週刊誌みたいにキャッチーなのです」と語っています。そして、世界恐慌のところに載っている図版、キングコングのポスターについてとりあげ、「エンパイアステートビルに乗っかったキングコングは、当時の労働者の怒りを象徴していた、なんてことが分かるわけです」と解説しています。

・池上彰・増田ユリヤ『ニュースがわかる高校世界史』（ポプラ社）
2018年9月
＊第1限「世界恐慌再び、となるのか」の中で、教科書第9章
「（1）チャップリンが来た」と「（2）世界中が不景気だ」を引用
し、解説。
・高橋民子「書評『ともに学ぶ人間の歴史』『授業ブックレット
No 1』」『歴地理教育』886号、2018年11月
・小川碧「毎回が『目からウロコ』の歴史教科書カフェ」『歴史地
理教育』887号、2018年11月
・「子ども側に立った教科書作り」『憲法ルネサンス』（共同通信
社編集委員室編、インパクト出版会）2018年11月
・斎藤美奈子「本音のコラム〜正しい年表」『東京新聞』2018年
12月12日
＊巻末年表が北海道など・本州など・沖縄などと三本立てで
あることを評価。

メディアがとらえた『ともに学ぶ人間の歴史』

〈２０１９年〉

・斎藤美奈子「世の中ラボ105」『月刊　ちくま』（筑摩書房）2019年1月号
・「春秋」『日本経済新聞』2019年2月17日
・中嶋みさき「教科にジェンダーを―学び舎・教科書に見る希望」
『教育』（かもがわ出版）2019年3月号
・小林優香「中学生と学んだ三・一運動」『歴史地理教育』891号、
2019年3月号
・根本理平「『ともに学ぶ人間の歴史』の図版を切り口として」『歴
史地理教育』893号、2019年4月
・斉加尚代・毎日放送映像取材班『教育と愛国〜誰が教室を窒息
させるのか』（岩波書店）2019年
・安井俊夫「子ども側に立つ歴史教科書像を求めて―問いを生み
出す歴史教科書へ」『歴史地理教育』901号、2019年11月
・奥山忍「戦争と二人の少女―ファシズムと戦争について考える」
『歴史地理教育』906号、2020年3月

学び舎歴史教科書を報じた
主な新聞記事

資料① 教科書検定に合格
『朝日新聞』 2015年4月8日

教科書を執筆した元教員たち＝東京都立川市

届けたい 面白い歴史教科書

子どものためOBやOGも

ダメ出し400件 6年越し挑戦

生徒が「これ、何で」と身を乗り出す教科書を。そう考えた現役教員やOB・OG30人余りが中学の歴史教科書をつくり、検定に合格した。途中、ダメ出しされたのは400件近く。現場の先生から見た教科書とは。初めての検定はどうだったのか。

「ほっとしました」「やった」。合格の報を受け、執筆した教員らから笑みがこぼれた。6年越しの努力が実った瞬間だった。

現場の教員で教科書をつくる。そんな話し合いが、都内の社会科教員有志の研究サークルで始まったのは2009年秋だった。

これまでの教科書は、重要な語句を太字にし暗記させるスタイルだ。「それでは生徒が乗ってこない」「子どもがページをめくり、次も読みたくなる本がぜひほしい」。話が膨らんだ。「教えやすい教科書ではなく、子どものための本をつくる。

代表で元中学校教員の安井俊夫さん（80）は振り返る。会の「子どもと学ぶ歴史教科書の会」を18人で結成。よその地域や他の研究会の教員にも声をかけ、書き始めた。

普通の本なら書いて出版すればいい。だが教科書は違う。国が定める学習指導要領に則し、教科書検定をパスしなければならない。それぞれが手応えのある授業をもとに原稿を書き、検討会で吟味。お金を出し合って出版社もつくり、「学び舎」と名付けた。教科書を文部科学省に提出したのは、昨年5月だった。

それが出発点だった。教員らは検定をどう感じたのか。『教科書の書き方が指導要領にここまで限定されていたとは』と安井さん。それでも教科書として出し切った。

教科書が生まれた意味は大きい」。執筆の相談に乗ってきた東京大学付属図書館・前図書館長の古田元夫さんは語る。

産業革命記述 7歳の目線で

例えば産業革命。これまで多くの教科書は技術が開発され工業社会が成立したこと、労働問題が発生したことを淡々と記述する。

一方、「学び舎」の本は英国の綿糸工場で働く7歳の男の子、プリンコウ君の一日から始まる。目の前で10歳の女の子がエプロンを機械に巻き込まれ、片足を失う。彼女には見舞金も支払われなかった。そんな説明から産業革命を考える。

ブリンコウ君の事例は、辞典に出てこず生徒が調べられないと、本文からコラム扱いとなった。

ところがその本は昨年末いったん不合格になった。戦争の時代の子どもの動きを追うために8月15日の終戦孤児や6・3制まで含めて扱っていた。だが、指導要領通りの時代区分を求められ、できなくなった。

「指摘は内容より形が中心だった。子どものための教科書という魂は守れたと思う」と元中学校教員の山田麗子さん（62）は話す。

「個別事例を大切にし、読んで面白い。そんな新しい教科書が生まれた意味は歴史教育にとって大きい」。執筆の相談に乗ってきた東京大学付属図書館・前図書館長の古田元夫さんは語る。

学び舎は今後、教科書を市販する予定だという。問い合わせは同社（電話04・2・512・5960）。

（編集委員・氏岡真弓）

教員らの「学び舎」検定合格

各テーマには、子どもやイラク戦争の被害にあった子どもの絵や「アンネの日記」の写真などがある。意見が分かれるテーマも「生徒が今を考えるうえで必要」と積極的に扱った。慰安婦の河野談話をコラムで載せ、南京事件も具体的な証言を紹介した。

学び舎の教科書「ともに学ぶ人間の歴史」。見開きページの左上には、大きな絵図がある。生徒の関心を高める狙いだ

沖縄の歴史 手厚く

戦争や基地 証言重視

検定合格「学び舎」版

政権意識した自粛懸念

現役の教員や教員経験者が編集する「学び舎」版の中学校歴史教科書が検定に合格した。沖縄戦や米軍基地問題を手厚く盛り込んでいるのが特徴だ。

（1面参照）

目次のすぐ後の導入部分では、「歴史と出会う―6月23日、沖縄戦で」という項目を設けた。沖縄の「慰霊の日」の様子を紹介し、沖縄戦体験者のコメントを掲載している。「平和の礎」の前で手を合わせる家族を撮影した沖縄タイムス社提供の写真も使われている。

基地問題では、「基地の中の沖縄―沖縄の本土復帰」との項目があり、見開き1㌻で展開。本土の米軍基地が大幅に縮小されて

第1部よりも先に、沖縄の「慰霊の日」について取り上げた「学び舎」版の教科書

歴史と出会う―6月23日、沖縄で

ったのとは逆に、沖縄の基地が強化されている現状を記した。

日米両政府が米軍普天間飛行場の県内移設に合意していることについては、「沖縄の多くの人びとは、基地の強化につながるとして、県内への移設に反対している」と記述した。

さらに、歴史年表を本州・北海道・沖縄の三つに分けて向き合っている。歴史とは単に過去の出来事ではなく、現在と連続していることを中学生に意識してもらいたかった、と説明する。

その上で「事件・事故について記述する場合も、そこで生きる人々の姿や証言を盛り込むようにした。沖縄や北海道など、本土とは違う歴史があることを伝えられれば」と話している。

への米軍機墜落をはじめ、68年に嘉手納基地で起きた大型爆撃機の墜落炎上事故、95年の米兵暴行事件や、2004年の沖縄国際大学へのヘリ墜落についても触れている。

同社は13年に設立され、教科書の発行は今回が初。編集製作部の担当者は、冒頭で慰霊の日を取り上げたことについて「沖縄の人々は日常的に歴史と向き合っている。

中学校の地理・歴史・公民のすべての教科書が尖閣諸島についてくわしく取り上げた。沖縄戦で教科書会社の「自粛」と思われる記述変更もあり、安倍政権の意向や保守的な世論が教科書を「変質」させているように映る。

尖閣の記述では多くの社が、周辺海域に原油などの資源が見つかってから中国や台湾が領有権を主張するようになった経緯や、中国船の不法侵入について詳しく書いた。今春から使われる小学校の教科書もすべて尖閣・竹島について取り上げており、義務教育を通じて繰り返し政府の見解を子どもたちに覚え込ませることになる。

中国や台湾の主張は記載されておらず、一歩間違えば子どもたちに排外意識を

解説

植え付けかねない。近隣諸国との友好を築く上で有効なのか、慎重な見極めが必要だ。

沖縄戦で、沖縄戦の「住民虐殺」については、一部の社が「殺害」を「処罰」に変更した。

国家主義的な志向が指摘される安倍政権の顔色をうかがい、教科書会社が萎縮していると見られても仕方がない性がある。

一方で、現役の教員や教員経験者が編集する「学び舎」版歴史教科書が最終的に合格した。沖縄戦や沖縄の基地問題を手厚く取り上げた内容で、検定を意識し

大学入試改革では、知識偏重から脱却し、活用力や思考力を育てることが目標に掲げられた。多様な教科書で多面的な視点から歴史を学ぶことは、こうした力を伸ばす上でも意義がある。

（社会部・鈴木実）

歴史 学び直しに役立てて

元教員ら執筆テキスト 学習会で活用

中学校の元教員らが執筆した中学の歴史教科書「ともに学ぶ人間の歴史」（学び舎＝東京都立川市）が、大人の歴史学習会で使うテキストとしても分かりやすいと、好評を博している。10月に増補版も出版され、執筆者の1人で元中学教員の山田麗子さん（63）は「大人が歴史を学び直すのに役立っているのはうれしい」と話している。 （小林由比）

絵・写真交え庶民にも光 「自分なりの見方培って」

⬆活発な意見や疑問が出た、学び舎の教科書を使った学習会＝埼玉県草加市で ⬇大人の歴史学習会でも人気の「ともに学ぶ人間の歴史」

十一月初旬に埼玉県草加市で開かれた学習会。七人の参加者が戦後の教育制度などについて書かれた章を読んでいた。戦時中に動物園にいたゾウが殺され、戦後に「台東区子供議会」の中学生が東京でもう一度見たいと、名古屋の動物園にゾウを貸してほしいと訴えたエピソードが詳しく記述されていた。「動物園が空襲された事実はあったのか」「他国でも戦時中に動物は殺されたのか」といった疑問が出て、次回までに調べることになった。

参加者の金子英子さん（七〇）は「それぞれの出来事にどういう背景があるのかがよく分かる。点だった歴史が流れになる感じ」と教科書で学ぶ利点を話した。

この教科書は、小・中・高校で歴史を教えた経験を持つ現役、OB計約三十人が執筆。二〇一五年四月、教員らが全編執筆した教科書として初めて文部科学省の検定に合格し、本年度三十八校が導入。草加のグループのような学習会が、東京、千葉、愛知など十数カ所で開かれているという。

教科書の特色は、年号や人物など語句の暗記を重視するのではなく、興味を引く絵や写真を冒頭に入れたり、具体的な場面を描写したりして、子どもたちが自発的に疑問や問いを持ちながら読み進められるようにしたこと。

例えば歴史の記述だと、政治や社会の表舞台にいた男性だけが描かれがち。そこをロシア革命の項目では、パンを求めてデモをした女性を写真と共に紹介するなど、社会のうねりをつくり出した存在にも光を当てた。山田さんは「歴史認識は個人の感性や思考を通し自分なりの歴史の見方を培ってほしい」と願っている。

「増補・学び舎中学歴史教科書」は書店で購入できる。

78

資料④ クラウドファンディングにとりくむ
『朝日新聞』 2018年4月27日

歴史教科書 読みたくなるものに

朝日新聞社のクラウドファンディング

エーポート 検索

「アンネの日記」を書いたアンネ・フランク。「ローマの休日」で知られるオードリー・ヘプバーン。ともに1929年生まれの2人は第2次世界大戦の同時期、ドイツ占領下のオランダにいた。教科書会社「学び舎」の中学歴史教科書は、欧州での戦争を学ぶ章の冒頭に、この2人の写真を掲載している。

他章も、産業革命では工場で働く子ども、戦後の原水爆運動では第五福竜丸の被ばくを伝える新聞と映画ゴジラのポスター……。具体的なものを見せ、子どもの興味や疑問を誘うのが狙いだ。「自分で読みたくなる教科書にしたかった」。制作に携わった「子どもと学ぶ歴史教科書の会」の副代表・山田麗子さん(65)はこう説明する。

先生が教えやすい教科書ではなく、子どもたちが学びたくなる教科書を──と同会が活動を始めたのは2010年。現場を

学び舎の中学歴史教科書（現行版の市販本）

⑨ 戦争と二人の少女 ─ヨーロッパの戦争─

知る教員・元教員が「手応えを感じたものを練り上げて書いた」。重要語句は太字にするのが一般的だが、「暗記に誘導してしまうかも」と考えてやめた。

会のメンバーは退職金や貯金を持ち寄り、13年に「学び舎」を設立。文部科学省の検定に提出した最初の本は、時代区分が学習指導要領に沿っていないなどの点が不適切と判断され、いったん不合格となったが、再申請の末に合格した。実際に採用しているのは38校。採用校からは「子どもがさまざまな発見や疑問を口にする」「休み時間まで教科書を読んでいる生徒がいる」などの反響があるという。

「特定の『○○史観』を押しつけるのではなく、一生かけて歴史観を培っていく題材となるように作った。この教科書からいろんな授業が生まれてほしい」と山田さんは話す。

中学で21年度全面実施の新学習指導要領にあわせた改訂に数千万円がかかるといい、その一部の支援をA-port（エーポート）で募っている。アドレスは、http://t.asahi.com/p7ty。 （伊勢剛）

■目標額　500万円
■特典例　1万円で学び舎教科書（現行版）市販本、同教科書を使う歴史講座受講券、サイトに名前掲載など

朝日新聞社が運営するクラウドファンディングサイト「A-port」の魅力的なプロジェクトなどを随時ご紹介します。

問いを生み出す
学び舎歴史教科書

付属 **2020年文科省検定合格**
学び舎中学歴史教科書

編集　一般社団法人・子どもと学ぶ歴史教科書の会

2020年5月14日　　第1版第1刷発行

発行　株式会社　学び舎

〒190-0022　東京都立川市錦町3−1−3−605
　　　　　　　TEL：042（512）5960　　FAX：042（512）5961

ホームページ　http://www.manabisha.com

デザイン　株式会社 kubotaDesign 工房

印刷／製本　中央精版印刷株式会社

©Manabisha 2020, Printed in Japan
ISBN 978-4-910092-12-6

本書はトランスビューの取り扱いで書店へ納品いたします。
トランスビューとお取引のない書店様は下記へご連絡ください。

［販売についてのお問い合わせ］
太郎次郎社エディタス
〒113-0033　東京都文京区本郷3−4−3−8F
　　　　　　Tel：03（3815）0605　　Fax：03（3815）0698
＊乱丁・落丁本についてもこちらへご一報ください。